FENG SHUI
Al alcance de todos

Armonización del ser y del entorno

- 6ª edición -

CLARA EMILIA RUIZ CASTILLA

Título original: FENG SHUI al alcance de todos
© CLARA EMILIA RUIZ CASTILLA
Teléfono. (57) (091) 333 5609
Celular: (57) (091) 283 5645
Beeper: (57) (091) 540 5555 - 600 6828, Cód. 6778
Colombia, S.A.

Todos los derechos reservados. Ninguna parte de este libro puede ser reproducida ni almacenada en ningún sistema de grabación, ni transmitida de manera alguna, así sea por medios electrónicos, mecánicos, de fotocopiado, de grabación o cualquier otro, sin el previo consentimiento por escrito.

Bogotá, D.C. - Septiembre de 2001

ISBN: 958-33-0735-1

Editado por	: Centauro Prosperar Editorial
	Calle 39 No. 28-20
	Tels: (57-1) 368 4938 - 368 4932 - 368 1861 - 9800-911654
	www.prosperar.com
Editor	: Gustavo Nieto Roa
Editora asistente	: Zenaida Pineda R.
Impresión	: Imagen y Color

Made in Colombia

«EL ESPIRITU DE AVATAR»

Nuestro miedo más profundo no es ser inadecuados, nuestro miedo mas profundo es que somos poderosos mas allá de cualquier medida.

Es nuestra luz, no nuestra oscuridad la que más nos atemoriza.
Nos preguntamos: ¿Quien soy yo para ser brillante, hermoso, talentoso y fabuloso?
Pero en relidad: ¿Quien eres para no serlo?
Eres un hijo de Dios.
Tu jugar a ser pequeño no le sirve al mundo.
No hay nada de iluminado en empequeñecernos para que otras personas no se sientan inseguras con nosotros.
Nacimos para manifestar la Gloria de Dios que reside en nosotros. No está solamente en algunos, ¡está en todos!

Y a medida que permitimos que nuestra luz brille inconscientemente le damos permiso a los demás para hacer lo mismo.

A medida que nos liberamos de nuestros propios miedos nuestra presencia automáticamente libera a otros.

Discurso Inaugural 1994   *Nelson Mandela*

*"Nada es **bueno**, nada es **malo**, todo es adecuado".*

Cada ser tiene su propia verdad, fruto de su proceso evolutivo. Cada verdad merece respeto y cada ser tiene algo que enseñarnos.

Si nos abstenemos de asignar calificativos de bueno o malo, o de condenar los actos de otros seres, se abren ante nuestros ojos maravillados, todas las opciones que simplemente son y que están allí para nuestro crecimiento.

A mi Amado Maestro
SANT RAJINDER SINGH JI MAHARAJ

Participaron en esta edición:

Autora:	CLARA EMILIA RUIZ CASTILLA
Portada:	PATRICIA ESGUERRA Y ANDREÍNA CARVAJAL
Diagramación y:	PILAR CRISTINA VÁSQUEZ P.
Gráficos	

Cualquiera que sea tu hogar

es un templo

si lo consideras

como tal.

Introducción

La técnica del *Feng Shui* se origina en un complejo sistema filosófico oriental: El *Tao*, que involucra ciencias tan "aparentemente" poco relacionadas para occidente como astronomía, astrología, medicina y una variedad de disciplinas corporales. Para tomar cualquier decisión en tan variadas áreas se siguen normas y pautas, fruto de la observación en cientos de años por parte de los científicos chinos de los comportamientos del clima, de los astros y del mismo hombre.

Estas pautas determinan si es propicio iniciar determinado negocio o emprender ciertos cultivos y las épocas del año apropiadas para esto. Los emperadores antiguos al igual que los hombres de negocios y científicos modernos no emprendían ninguna acción sin seguir el lineamiento de esta filosofía.

Los ciclos del clima son los que manifiestan el poder de la energía de la naturaleza y son tenidos en cuenta para procedimientos agrícolas, médicos, etc. La sutileza del manejo de estas disciplinas es difícilmente comprensible para el occidente, de visión más pragmática, acostumbrado a especializarse en áreas cada vez más pequeñas de la ciencia a costa de perder la visión cósmica o global. Esta visión nos da la comprensión de que somos parte de un todo que se interrelaciona permanentemente a través de unos ciclos *Yin* y *Yang*, de acción y pasividad, entre las mutaciones y cambios a los que sólo una visión universal nos permite adaptarnos con sabiduría.

Últimamente se ha despertado un gran interés por el *Feng Shui*, técnica que plantea una serie de principios básicos, con el objeto de armonizar el ser a través de cambios en el ambiente que lo rodea con el uso de un mapa de guía llamado *Ba-Gua*, tomando como eje la entrada a cualquier espacio donde se determinan nueve áreas de trabajo que tienen directa relación con nuestra vida.

Para asombro de los escépticos, estas fórmulas no fallan y han mejorado las vidas de mucha gente en oriente y occidente. Las áreas son: Conocimiento interior, Familia, Bienestar y dinero, Fama, Relaciones y matrimonio, Creatividad y niños, Benefactores, Profesión y en el centro del octágono, la Salud.

El punto de partida básico es la energía vital o *Ch'i* que está en constante movimiento, es esencial para todos los seres y su curso apropiado a través de las formas, volúmenes, espacios y colores, favorece directamente nuestro éxito en los diferentes aspectos de la vida.

El *Feng Shui* determina las áreas de un terreno adecuadas para seleccionar un lote y la correcta ubicación de una casa en el lote. Al interior, las formas, proporciones e interrelación entre espacios más convenientes para nuestro correcto fluir por la vida. También trabaja con elementos llamados activadores, para dinamizar las áreas que se seleccionen.

Todo esto se refuerza pidiendo ayuda espiritual que da la conexión necesaria entre el Espíritu y el Creador, el que solicita y el Dador quien es el que finalmente permite que las soluciones planteadas funcionen. A este refuerzo se le llama "los tres secretos", que consisten en un ritual con mantras y mudras para pedir ayuda de los Benefactores.

Cuando hablamos de lograr armonía, ésta es la resultante del equilibrio entre los componentes formales de un espacio; los orientales consideran la presencia de cinco elementos con energías y vibraciones determinadas, estos elementos son: agua, madera, fuego, tierra y metal que se manifiestan por su color, textura, forma y simbología.

Es necesario conocer estas manifestaciones y equilibrar la presencia de los cinco elementos como principio armónico del **Feng Shui**.

Armonía es el diálogo constante entre el elemento Y$_{IN}$ y el elemento Y$_{ANG}$, presentes en todos los objetos que nos rodean.

Son Y$_{ANG}$ los colores vivos o cálidos, las plantas en crecimiento hacia arriba, el agua en movimiento, objetos con movimiento, los tonos claros, la luz. Son Y$_{IN}$ los colores fríos, los metales, el agua quieta, los tonos oscuros, la sombra.

Observemos en una habitación el mensaje que nos envía y actuemos con nuestra intuición para mejorar su C$_H$´I.

Clara Emilia R$_{UIZ}$ C$_{ASTILLA}$

Feng Shui

Feng Shui es una forma de vivir
es la música, el incienso, el silencio,
es la armonía con uno mismo y con el entorno;
*es la **Armonía Total**.*

Es una invitación a vibrar
al unísono con el cosmos,
es una forma de conciencia
*de la **Unidad con el Todo**;*
con nuestros hermanos,
con amigos y enemigos,
con nuestro propio cuerpo.

Es el logro de la Serenidad,
del Equilibrio,
de la claridad interior,
es la armonía con GAIA,
con la naturaleza,
con toda la jerarquía universal
que será plena
*cuando regresemos al **PADRE**.*

De la autora

*Clara Emilia Ruiz Castilla, arquitecta de la Universidad Nacional de Colombia ha encontrado en el **Feng Shui** la síntesis de sus vivencias como profesional y como estudiosa de la Espiritualidad.*

*Actualmente se desempeña como asesora de **Feng Shui** para hogares y empresas.*

Ha realizado conferencias, cursos, talleres y asesorías en Bogotá, Santa Marta, Barranquilla, Cali, Cúcuta, Bucaramanga, Barrancabermeja, Pereira y Armenia entre otras.

Asistente del I Congreso Latinoamericano de Feng Shui, realizado en mayode 1998 y II Congreso Latinoamericano de Feng Shui en septiembre de 1999.

Conferencista del I Congreso de Practicantes de Feng Shui, en Santiago de Cali, septiembre de 1998.
Conferencista del I Encuentro de Energias Sutiles, Bogotá, marzo de 2000.

Como parte de sus vivencias, se inicia con el Maestro Viviente Sant Rajinder Singh Ji Maharaj en el sendero llamado «Ciencia de la Espiritualidad», lo que le ha permitido emprender el camino de la armonía interior.

Su objetivo desde que conoció el Feng Shui ha sido llevarlo al alcance de todos a través de esta publicación, de las Conferencias y de los cursos que dicta.

Vice-Presidente de la Asociación Latinoamericana de Feng Shui Capítulo Colombia.
Certificada Profesionalmente por la Asociación.
Avatar certificado por Star`s Edge International
Conferencista y Asesora Internacional: Paraguay, Nicaragua, Panamá, Perú.

Prólogo

En el contenido de esta edición hemos incorporado información escrita por el Arquitecto Rafael hernández quien ha estudiado a fondo el tema de la contaminación producida por la polución electromagnética y la forma de contrarestarla. También incluimos información sobre la piramide plana o SENSOR diseñado por Patrick Flanagan en USA. El tema de los emisores radiónicos, fue reemplazado por estos.

Incluimos también un texto sobre «El espiritú Avatar» y el Yantra aportados por mi maestro Avatar Juan David Mejia.

Con esta nueva edición completamos 20.000 libros en manos del público. Sabemos el compromiso que esto implica en la evolución de las conciencias individuales por tanto seguiremos trabajando para construir mejores «Seres Humanos».

Quiero agradecer a mis padres Emiliano y Delia por su apoyo y fe en mi.
A Samuelito, Sandra Ximena y Maria Clara todo mi amor. Mi gratitud infinita a Martha Romero, Martha Lucia Olano, Juan David Mejia, Julio Cesar Córdoba, Elsa Alvarez, Lilia Rodríguez, Liliana Rivera, Yolanda Bustamante (Perú), Rocio Criales (Perú), Oscar y Beatriz Williamson, Rafael Hernández, Ignacio Medina; cada uno de ellos sabe porque, saben que los llevo en mi corazón.
A los que no menciono aquí: «Todos somos uno».

Clara Emilia Ruiz Castilla

¿Qué es el Feng Shui?

Feng Shui es el arte de aprovechar al máximo la energía de nuestro espacio cotidiano de modo que, fluyendo correctamente nos proporcione bienestar en todos los aspectos de la vida.

Es una técnica milenaria china que, utilizando el octágono (*BAGUA*) con base en la entrada de un espacio, nos guía sobre cómo ubicar los objetos para influir en determinadas áreas de nuestra vida. Su objetivo es lograr la armonía del ser a través de la conducción de las vibraciones del espacio.

Para entender el **Feng Shui** es necesario aproximarse al *TAO*, del cual toma su base filosófica. Esta filosofía fue originada por FU SHI hace unos tres mil años. Cuenta la leyenda que estaba meditando a orillas del río Lo, cuando emergió una tortuga.

Por una inspiración divina se dio cuenta que todo el universo se reflejaba en las figuras del caparazón de la tortuga. A partir de esta inspiración se fue armando una completa teoría acerca del universo y sus leyes. Los principios fundamentales del universo son el cielo y la tierra, el espíritu y la materia.

La tierra es lo derivado, por eso se le representa con el número dos (dos líneas separadas) *YIN*. El cielo es la unidad última que comprende a la tierra dentro de sí, por eso se le adjudica el número tres (*YANG*).

Los santos sabios de tiempos antiguos quisieron escrutar los órdenes de la ley interior y del destino. Establecieron el *TAO* (sentido) del cielo y lo denominaron: lo oscuro y lo luminoso.

Establecieron el *TAO* (sentido) de la tierra y lo denominaron lo blando y lo firme. Establecieron el *TAO* (sentido) del hombre y lo denominaron: el amor y la justicia.

Cielo y tierra determinan la dirección; la montaña y el lago mantienen la unión de sus fuerzas; el trueno y el viento se excitan mutuamente, el agua y el fuego no se combaten entre sí, así se conforman los ocho trigramas.

Lo que sucede y se desvanece se basa en el movimiento hacia adelante.

> *"Dios se manifiesta al surgir en el signo de lo Suscitativo (la primavera); hace que todo sea pleno en el signo de lo suave; deja que las criaturas se perciban mutuamente con la mirada en el signo de lo adherente (de la luz verano).*
>
> *Hace que mutuamente se sirvan en el signo de lo Receptivo (la tierra) da alegría en el signo de lo sereno (otoño); lucha en el signo de lo creativo; se afana en el signo de lo Abismal (invierno); los lleva a la consumación en el signo del Aquietamiento".*

Este bello pasaje del texto del *I CHING* sintetiza los ocho trigramas que van a ser la base para el trabajo que desarrolla la técnica del **Feng Shui** Los signos se adjudican a las estaciones del año y a los puntos cardinales.

Comienza a agitarse la primavera y con ello entra en la naturaleza la germinación y el retoñar. Esto corresponde al amanecer del día.

Ese despertar se atribuye al signo de lo *Suscitativo*: *CHEN* que, como trueno y fuerza eléctrica, mana de la tierra. Luego llega la brisa suave del aire que renueva el mundo vegetal y viste de verdor a la tierra. Esto corresponde al signo de lo suave, lo *Penetrante*, *SUN*.

SUN tiene por imagen tanto al viento que disuelve el rígido hielo invernal, como también a la madera que se desarrolla orgánicamente. El efecto de este signo es que las cosas vayan fluyendo, por decirlo así, hacia el interior de su materia, se desarrollen y crezcan hasta cambiar lo que en el germen estaba prefigurado como su forma.

Llega entonces la culminación del año, el centro del verano, el estío y, también respectivamente, en el curso del día, el mediodía. Aquí se halla el signo *Li*, lo *Adherente*, la luz (fuego). Aquí los seres se advierten mutuamente con la mirada. Luego llega la maduración, la sazón de los frutos del campo, conferida por *KU´N*, la Tierra, lo receptivo. Sigue el centro del otoño, bajo el signo de lo sereno, *TUI* (lago).

Desde la tierra los pensamientos retornan a lo Creativo, *CHÍEN*. Sigue entonces el invierno con el signo de lo abismal, *KAN* el agua; el invierno tiempo de concentración y de recogimiento. *KEN*, el signo del aquietamiento, que tiene por símbolo la montaña. Aquí en el profundo interior de la quietud de la semilla, se anuda el fin de todas las cosas con un nuevo comienzo. muerte y vida, perecer y resucitar, son las ideas que sugiere el tránsito del año viejo al año nuevo. De este modo queda cerrado el ciclo.

Gráficamente, *YANG* es representado por una línea fuerte y continua y *YIN* por una línea partida. En el **Feng Shui** la combinación de estos dos trazos, genera ocho trigramas que representan el mundo cambiante o mutante, donde *YANG* que contiene a *YIN*, se transforma en él y viceversa. Estos ocho trigramas conforman lo que llamamos el *BA-GUA*. Cada trigrama tiene una energía particular, vibra con un color y puede representarse simbólicamente de acuerdo con su significado. La escuela BTB (*Black Hat Trantric Buddhism Sect*) plantea que conociendo la entrada a un lugar se puede aplicar el *BA-GUA* en el mismo, tomando como eje central los trigramas de fuego y agua y colocando el trigrama del agua en dirección a la entrada del espacio. Estos ocho trigramas están relacionados directamente con áreas de nuestra vida, en una síntesis mágica que une el Macrocosmos con el Microcosmos. Los trigramas se corresponden así:

Fuego	*LI*	Fama
Tierra	*KUN*	Relaciones
Lago	*TUI*	Creatividad
Cielo	*CHI´EN*	Benefactores
Agua	*KAN*	Profesión
Montaña	*KEN*	Conocimiento
Trueno	*CHEN*	Familia
Viento	*SUN*	Bienestar y dinero

Y en el centro, como resultante de los demás, está la Salud, el equilibrio de todo, *TAI CHI*.

Energía en movimiento

Uno de los fundamentos del **Feng Shui** es que el *CH´I* o energía vital mueve todo y se mueve en torno de todo, fluye y se desplaza a través de las formas, de los espacios, se detiene, se estanca según sean las formas por las cuales pasa.

Esto tiene un fundamento científico cuyos pioneros son los científicos franceses quienes han estudiando las energías de forma, las cuales son comprobables y medibles. Existen formas que agreden a quien tiene que permanecer cerca de ellas, como los filos o que oprimen a quien está bajo su influencia, como las vigas.

Las formas curvas favorecen el flujo del *Ch'i*. Éste puede escaparse por los sifones que constituyen drenajes energéticos, los ductos de chimenea, las marquesinas o los espacios muy altos. El **Feng Shui** tiene por objetivo detectar estas pérdidas energéticas y plantear curas para éstas.

La energía puede ser movida, elevada, aquietada o activada a través de elementos de diferentes características, cuyo uso debe hacerse cuidadosamente, para no caer en excesos que igualmente puede ser perjudiciales. Estos objetos llamados activadores son reforzados con mantras, con mudras y con visualización que constituyen los tres secretos del **Feng Shui**.

Para reflexionar

Es importante para el practicante de **Feng Shui** trabajar en la búsqueda de la fuerza interior que proporciona la Meditación. Seguida de un trabajo de limpieza interior producto de la introspección y análisis de nosotros mismos también hay varias disciplinas complementarias que pueden facilitar este proceso como la Radiestesia y la Geobiología, que estudian las enfermedades de la tierra o geopatías; éstas, al estar presentes en cualquier lugar de nuestro planeta, hacen parte de las energías que se mueven dentro de cualquier espacio y afectan la salud humana.

Estas geopatías generan malestar en las personas y son fuente de enfermedades muy graves, algunas de estas son: Líneas de Hartmann, fallas geológicas, corrientes de agua subterránea, etcétera.

Al poder localizarlas con instrumentos radiestésicos y medirlas podemos evitar la posibilidad de duplicar sus efectos con el uso indiscriminado de espejos. Por radiestesia también podemos detectar agresiones psíquicas y ondas electromagnéticas y proponer soluciones.

Las propuestas deben ser sutiles, no pretender abarcar todas las posibilidades del *Ba-Gua* para no excederse estéticamente, ni remover demasiadas cosas de una sola vez, esto puede ser contraproducente. Al comenzar cualquier trabajo de **Feng Shui** se recomienda hacer una limpieza del lugar, sacar lo que no se utiliza, ordenar depósitos y armarios y preguntarse a manera de reflexión qué es lo que realmente queremos de cada área que se va a trabajar en nuestras vidas.

Por tratarse de sitios vivos donde todo cambia, al cabo de unos meses cuando se hayan cumplido nuestros primeros objetivos, podemos revitalizar los *Ba-Guas*. Preguntémonos que queremos lograr en nuestra profesión, en nuestras relaciones, cuánto dinero aspiramos a ganar y en qué lo vamos a invertir, si necesitamos que se nos dé reconocimiento por nuestro trabajo, cómo están nuestras relaciones familiares, si le hemos dado un lugar en nuestra casa a nuestros benefactores y cuánto tiempo les dedicamos. No demos migajas a quien nos lo ha dado todo. Quién si no Él nos tiene con vida. Así con cada área del *Ba-Gua*, se debe tener claro lo que se quiere.

Cambios energéticos

No podemos subestimar el poder de los cambios que se producen como resultado del **Feng Shui**. Es necesario explorar con cuidado y respeto el mundo invisible de la energía y cómo se ve afectado por la colocación de curas en el ambiente. Vaya despacio y coloque una o dos curas a la vez. De esta forma podrá evaluar mejor la causa y la consecuencia. las pequeñas mejoras se notarán casi de inmediato; tomarán una fase entera de la luna (siete días aproximadamente).

Ley del principio unificador

En casos extremos todo cambia hacia su opuesto, en algunos casos el modificar simultáneamente varias áreas provoca situaciones complicadas en la vida de las personas. Se recomienda mirar al interior; las respuestas a los problemas crónicos suelen estar delante de nosotros y se pasan por alto.

Ley del predecesor

La vibración de quienes han vivido antes permanece en el espacio y puede influir demasiado y no mejorar con los cambios que se hacen en el *Ba-gua*. Si va a ocupar un espacio asegúrese de conocer las circunstancias que rodearon la vida de sus anteriores ocupantes.

Lejos de los ojos de las estrellas
y de las miradas de las flores,
dos corazones se encuentran
al desvanecerse la noche.

SANT DARSHAN SINGH JI MAHARAJ

*Estamos comunicados con la luna y las estrellas,
pero ¡ay!, no hemos alcanzado el corazón
de nuestro prójimo.*

*¡Oh! dile a la oscuridad del intelecto
que busque la locura del amor,
porque esa locura es un rayo de luz
y solamente luz.*

*¡Qué importa que me llamen hombre!
En realidad soy el alma misma del amor;
la creación entera es mi hogar
y el universo mi nación.*

SANT DARSHAN SINGH JI MAHARAJ

Definiciones

Qué es BA-GUA

BA-GUA quiere decir mapa. Es el octágono que sintetiza los ocho trigramas que FU SHI creó en su explicación del universo que conforma la filosofía del *TAO*.

Es un mapa esotérico que se aplica en los espacios arquitectónicos con el fin de crear en nosotros, la conciencia de cómo cada lugar en nuestro entorno, tiene relación con nuestra vida. Lo podríamos definir como un método trascendental en el que la aplicación de este mapa en forma consciente tiene el poder de actuar directamente sobre el mejoramiento de nuestras vidas.

Los testimonios de quienes han aplicado esta técnica reafirman su efectividad.

Qué es el YING Y YANG

Son las fuerzas opuestas que constituyen el universo. Están presentes en todo complementándose y equilibrándose permanentemente. *YANG* es lo creativo, lo activo, lo masculino, la luz, el movimiento, los colores vivos, el cielo. Son *YIN* la tierra, lo femenino, lo receptivo, lo pasivo, la oscuridad, los colores fríos.

Qué es CH´I

CH´I es la energía, es el sustento de todo lo existente, es el prana, es la vida, es la fuerza vibracional que mantiene y sostiene el cosmos. En el **Feng Shui** el *CH´I* se considera como la inteligencia universal que recorre el espacio, lo sustenta y es favorable o desfavorable según los objetos, formas o colores que estén presentes en cada lugar.

Breve historia

Aquí vamos a explorar el significado profundo del término Feng Shui y veremos las diferentes escuelas o métodos que los orientales han empleado. Entre ellos, el que desarrollamos en este manual es la Escuela de las Formas por adaptarse más a la naturaleza del occidental. El profesor Lin Yun trajo las bases filosóficas de oriente y las adaptó al modo de vida occidental.

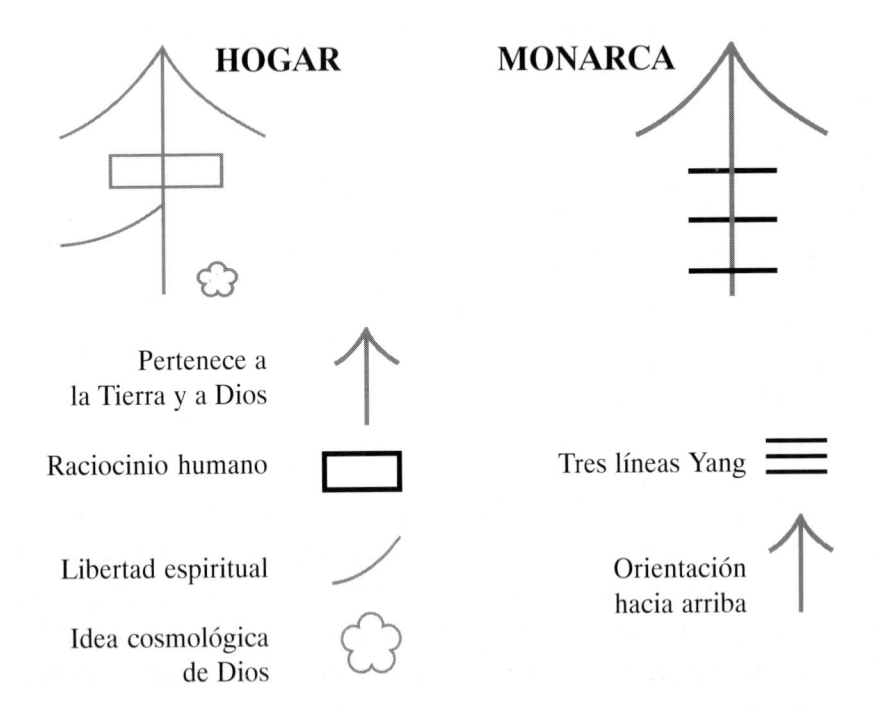

Estos grafismos orientales expresan la esencia del significado de las palabras **Feng Shui**, el Hogar del Monarca, así: Las tres líneas YANG son unidad entre mente, cuerpo y espíritu; Dios, hombre, tierra. El poder de Dios ejercido entre la voluntad del hombre y el hombre actuando libremente bajo los mandatos divinos. Es recibir, comprender el mensaje Divino y expresarlo o manifestarlo.

Se origina en la filosofía oriental taoísta que desarrolla pautas para comprender la energía. Los antiguos emperadores chinos desarrollaron el conocimiento oracular y esotérico, dominaron las ciencias adivinatorias.

FU SHI, emperador chino, observó e investigó la naturaleza, las diferentes especies, el comportamiento del crecimiento de los árboles, según su orientación y los ciclos de cada ser, desde su nacimiento, evolución, crecimiento, madurez y muerte que da paso a un nuevo nacimiento.

El *DILICHI* o *GEOMANTE* era el consultor que determinaba las fechas y lugares para las batallas, la ubicación de las ciudades, era intérprete de los ríos, las montañas, los cauces energéticos.

Filósofo administrador, astrólogo y geobiólogo observaba las estrellas, las montañas, los ríos para determinar la ubicación apropiada de una construcción y la fecha propicia para iniciarla. Estos personajes analizan y comprenden lo que la naturaleza emana, su comportamiento energético, según su forma y condiciones geológicas.

HOGAR

- Pertenece a la Tierra y a Dios
- Raciocinio humano
- Libertad espiritual
- Idea cosmológica de Dios

MONARCA

- Tres líneas Yang
- Orientación hacia arriba

Las escuelas

De las formas

Es la más antigua y se fundamenta en la observación de la forma y ubicación de la construcción en el lote: dirección geomagnética, formas de montañas, ríos, árboles, etcétera.

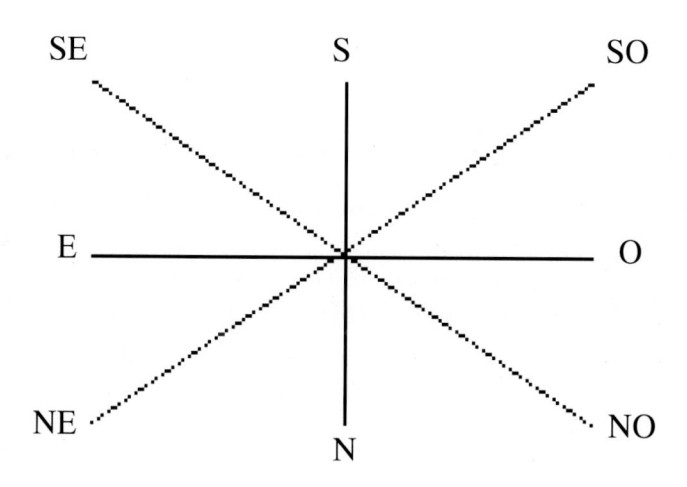

La evolución de la vida se sintetiza en este esquema así:

Este: Lugar de nacimiento, donde el ser se muestra.

Sur: Crecimiento, el ser se eleva y lanza energía.

Oeste: Evolución, el ser comprende qué tanto creció, evoluciona por aciertos y errores.

Norte: Reserva, guarda energía.

De acuerdo con la ubicación geomagnética, los seres reciben de diferente forma la calidad de la energía.

Octágono

Como forma, el octágono surge de la unión del círculo y el cuadrado. Forma que se relaciona con los ciclos de los seres vivos y la orientación geomagnética. Los puntos cardinales, principales e intermedios.

El octágono es Dios, tierra, hombre, interpretación de la voluntad de Dios en el Cosmos, interpretación de la voluntad del hombre en la tierra. *Ba-gua* quiere decir mapa. Comprende los ocho trigramas de Fu Shi y *Pa-kua* quiere decir plano del cielo.

Fu Shi plantea un **cielo temprano** que significa la obra de Dios en la Tierra y un **cielo tardío** que representa la obra del hombre en la tierra.

Principios a tener en cuenta

1. Todo en funcionamiento, todo en orden, todo en uso.

2. La Inteligencia Universal entra y recorre el espacio y lee los mensajes que allí dejamos. Seamos conscientes de los mensajes que nuestro espacio emite. Para lograr lo que queremos de nuestra vida.

3. Dejar que los ciclos energéticos de nuestra vida se cierren, no dejar nada pendiente, deudas económicas o morales, ropa que no usemos, papeles inútiles, flores secas, etc. Para que nuevos ciclos entren en nuestra vida.

4. Todo atrae e irradia la energía que representa. ¿Qué significan para mí los objetos que me rodean?

5. Rejas frente a la casa rechazan al visitante, alejan las oportunidades; pintar de verde o colocar luz.

6. Observar y seleccionar elementos del entorno como: música, aromas, plantas, animales, formas, cuadros, color. Teniendo en cuenta la calidad de energía que emite cada uno.

7. Mantener libre el paso a la puerta de entrada de un sitio.

8. Entrar el agua en la casa es entrar las oportunidades, utilizar fuentes o acuarios.

9. Evitar las formas que agreden como rejas, cuchillos o puntas, vidrios rotos.

10. Revisar con radiestesia las antigüedades y objetos precolombinos y neutralizarlas cuando emiten negatividad. Los precolombinos se neutralizan con esferas de cristal liso colocándolas dentro.

11. No tener el televisor, no utilizar camas metálicas, ni tener espejos en la alcoba.

12. Controlar el uso de espejos, verificar por radiestesia su correcta ubicación.

13. Colocar la cabecera hacia el Norte en lo posible, o hacia el oriente para un mejor acopio de energía cósmica si queda al Sur o al Oeste, dormir con la cabeza hacia el piesero.

14. Los filos, redondearlos o neutralizarlos con líneas de color rojo.

15. Vigas, son opresoras, mimetizar con color o tapar con cielorraso.

16. Los senderos deben ser sinuosos, no deben ser rectos ni pedregosos.

17. Utilizar filtros verdes, bosques o plantas para alejarse de influencias negativas, ondas electromagnéticas, cementerios, hospitales.

18. Construir con base en el eje Norte-Sur para eliminar al máximo los cruces de líneas de HARTMANN, en la zona de la cama.

19. En los diseños utilizar formas cerradas, no entrantes ni salientes.

20. En lotes equilibrar proporción entre zona verde y área construída, árboles y construcción.

21. Desde la cabecera de la cama y la silla del escritorio mirar la puerta de entrada.

22. La primera habitación visible preferiblemente debe ser la sala.

23. Localizar las alcobas en zonas de poder: Bienestar, Fama o Relaciones al fondo del BA-GUA.

*En mis versos escondidos hay millones de latidos,
mi alma es la voz de las tristezas de este mundo*

*Partí al amanecer de los tiempos y ahora me acerco a su anochecer.
Esta vida es corta,
pero la jornada del amor ha sido larga.*

SANT DARSHAN SINGH JI MAHARAJ

Métodos de Feng Shui

Se ha definido el *Feng Shui* como el arte de la ubicación. Como veremos en estos métodos, se trata de manejar las energías de un lugar para hallar su equilibrio. Equilibrio entre el *Yin* y el *Yang*, así como también el lograr que la energía fluya correctamente, detectando las formas o lugares donde se estanca o se baja para contrarrestar, equilibrar y armonizar.

La vara roja

Está basado en las propiedades energéticas del incienso, que por el H_6 que contiene se puede desenvolver en varios niveles dimensionales, detectando así la presencia de etéricos o de puntos energéticos claves en un espacio.

El método combina el uso de la brújula para ubicar la dirección de la entrada a un lugar con relación al norte magnético, la vara de incienso y la radiestesia que con el uso del péndulo permiten detectar si cada punto está dentro de una polaridad positiva o negativa.

Cuando ya se obtiene la medición a través del péndulo, se modula la energía hasta lograr que el punto neutro tenga esta particularidad (de ser neutro). Los pasos son los siguientes:

1. Colocación de la vara de incienso en posición vertical en el punto donde la puerta de acceso hace cierre.

2. El humo toma una dirección hacia el vórtice energético del lugar a través de la materia sutil cargada electrónicamente, este vórtice energético es llamado *Mao I*, es el sitio donde se origina la energía del lugar. Su medición puede dar positivo, negativo o neutro. No tiene connotación benéfica o maléfica.

3. Medición del ángulo que forma la dirección del humo con la línea de la puerta cerrada.

4. Medición con la brújula del ángulo que forma la puerta con el norte magnético.

5. Ubicados en el *Mao I* transportamos el ángulo que se tomó en la puerta, y generamos una nueva dirección que constituye el segundo punto o *Mao I* virtual.

El lobo blanco

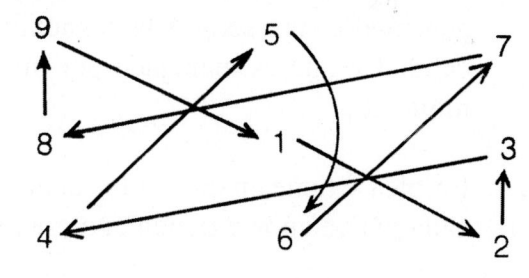

Esta disposición numérica constituye la base de este método, por observación de la naturaleza se llegó a concluir este patrón de movimiento energético que, después fue probado por los científicos como un movimiento energético regular, en el laboratorio; estos movimientos tienen directa relación con los ciclos de las estaciones a través del año y con el ciclo del día y de la noche.

Este movimiento a saltos genera las diferentes formas, texturas y colores que nos brinda maravillosamente la naturaleza. Cada especie evoluciona y se mueve para obtener la energía que requiere, en cada etapa de su crecimiento y desarrollo.

Si seguimos el orden numérico, cada número constituye un sector energético donde las criaturas pasan de una forma energética a otra, en ciclos de nacimiento-muerte, en los cuales la muerte no es más sino el paso necesario para el surgimiento de un ser cada vez más evolucionado, se llama lobo blanco por el movimiento irregular del lobo que por su instinto se mueve dando saltos.

La Brújula *LoPan*

1. *Lo Pan:* Unidad y concha que lo contiene todo. Este método utiliza la brújula para determinar la dirección del eje de la entrada de un lugar con relación al norte magnético, además, el año de construcción del sitio, porque la ubicación de las estrellas en dicho momento influye en la calidad de energía, generándose una serie de tablas auxiliares para determinar dicha calidad y que es manejada por un lugar en un determinado momento.

2. Emplea y tiene en cuenta los ciclos de tierra que se cumplen cada nueve años y tienen energía propia.

3. Trabaja con las tablas geománticas basadas en el movimiento energético del lobo blanco, marcan o generan las bases de tierra, estrella de Frente y estrella de Montaña que se obtienen de un esquema circular con 24 direcciones llamado *Lo Pan*. Cada estrella tiene una energía particular. Finalmente se establecen los palacios de Frente y de Montaña que constituyen una relación conformada por tres números, la relación de éstos entre sí, determina la calidad de energía del sitio, puesto que a cada número se le asigna una calidad energética particular, tales como: maléfica, benéfica, muerta, positiva, neutra, etcétera.

Ciclos de energía

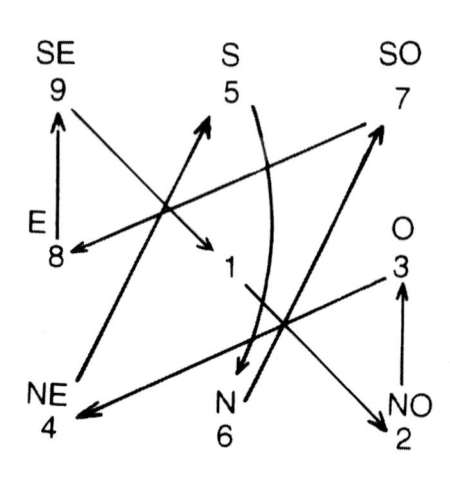

La energía nace en el Este, hace un giro y crea un nuevo ciclo haciendo la unión del cosmos con la tierra.

En el Este el sol aporta vida física, la energía nace. Entre el Este y el Sudeste define su rumbo y decide que nace hacia arriba. Hacia el centro vuelve a su parte fundamental.

Hacia el Noroeste se cumple el nacimiento espiritual, se baja de una dimensión superior a una inferior, de cuarta a tercera dimensión.

De Noroeste a Oeste, surge el *Karma*; el ser pone los pies sobre la tierra y se enfrenta a un origen a un pasado, asume que tiene padres.

Del Oeste al Noreste se acerca al nacimiento simbólico, dado por el sol, listo para evolucionar, reconoce su origen, su Dios. Entre el

Noroeste y el Sur, vuelve al cosmos, lleva la idea que lo originó. Entre el Sur y el Norte pasa a la tierra, se convierte en tridimensional. Del Norte al Sudoeste toma forma, se convierte en semilla, en óvulo.

Del Sudoeste al Este se convierte en ser, proceso de cuarta dimensión, prepara el orden cósmico universal, para que el ser tenga elementos por trabajar y por reconocer, nuevamente el sol aporta vida física.

En un nuevo ciclo, en el Este se da la energía de nacimiento, los seres vivos se muestran. En el Sur el ser se eleva con energía de crecimiento. En el Oeste evoluciona, el ser comprende que tanto creció y crea el concepto de evolución, se evoluciona por aciertos y errores.

En el Norte, se guarda la energía de reserva, seres alimentados energéticamente para volver a nacer.

Comencé el viaje del amor,
lleno de fe y entusiasmo
a cada paso se me unieron viajeros
y pronto fuimos una caravana.

La lágrima que dejé caer sobre tu blusa
puede que hoy sea una lágrima,
pero mañana, por tu mágico toque,
se convertirá en estrella.

He aprendido a querer como mía
la creación entera,
tu mensaje de amor es el sentido mismo
de mi vida.

SANT DARSHAN SINGH JI MAHARAJ

Ubicación de lotes según el Feng Shui

Al norte lo conveniente es tener árboles o montañas porque se dice que el norte geográfico emite una radiación de tipo *YIN*, desvitalizante. Por esta misma razón se debe ubicar la entrada hacia el sur.

Buscar un lugar protegido y próximo a una fuente de agua. Tener en cuenta la salud de los moradores del lugar, como indicio de las energías que allí circulan. Buscar que la vegetación sea exhuberante y las tierras fértiles.

Lugares soleados son *YANG*. También los lugares montañosos tienen una energía fuerte del *CH´I* terrestre y celeste se consideran lugares de salud y de retiro.

Se debe evitar el fondo de los relieves u hondonadas. Los terrenos llanos dispersan el *CH´I*. Los agujeros naturales o artificiales porque acumulan el *SHA* o energía negativa, nociva, tóxica y antagónica del *CH´I*.

También evitar los paisajes rectilíneos, "flechas secretas" donde se da una circulación demasiado rápida del *CH´I* como líneas de alta tensión, vías del tren, carreteras rectas, cauces de agua rectos, hilos conductores de alta tensión que transportan ondas ELF (*Extremaly Low Frequency*) que afectan el cuerpo físico y el sistema nervioso.

Evitemos las rupturas bruscas del paisaje, los lugares muy expuestos al viento y los terrenos pedregosos.

Vías de acceso

Ante todo, la puerta de entrada es el lugar por donde entra la energía y por lo tanto las oportunidades, no nos permitamos bloquearla.

Las vías son consideradas como la circulación de la energía hacia nuestra casa, si se trata de una vía rápida se recomienda colocar un llamador de energía como por ejemplo una veleta, si estamos frente a una intersección en T o en Y donde el flujo vehicular da directamente a nuestra casa, colocar espejos rechazando esta agresión.

Si nos encontramos en una calle cerrada, las oportunidades difícilmente nos llegarán, colocar un sistema de espejos convexos de tal forma que hasta la puerta de acceso llegue la imagen de la vía. Si la nomenclatura es confusa o inexistente, aclarar inmediatamente.

Evitar encerrarnos entre rejas y alejar al visitante con avisos como "perro bravo, no se acerque" eso manifiesta un rechazo hacia las oportunidades.

Procedimiento para aplicar el Ba-gua

Lista de chequeo para el practicante:

1. Pedir al usuario que haga limpieza del lugar.

2. En el recorrido hacia el lugar, observar la claridad de acceso al mismo, calles aledañas, claridad en la nomenclatura, obstáculos en la entrada, si se trata de una calle ciega, cuando no es claro el llegar, para las oportunidades es igual: van a seguir derecho.

3. En la puerta de entrada observar que no haya obstáculos físicos ni visuales; si los hay, entrar a solucionarlos.

4. Hablar con los propietarios del lugar para que procedan a escribir lo que quieren lograr en cada área; esto aclara y reafirma las intenciones.

5. Recomendamos hacer una oración pidiendo permiso antes de comenzar el trabajo con el fin de preparar las condiciones para que el trabajo sea idóneo.

6. Hacer limpieza energética si es necesario.

7. Observar las condiciones de mantenimiento de aparatos, orden y aseo general en la casa. Todo en funcionamiento, todo en orden, todo en uso.

8. Proceder a aplicar el *Ba-gua*.

9. Solucionar pérdidas energéticas en baños, chimeneas.

10. Solucionar conflictos de circulación.

11. Colocar el *Ba-gua* para protección en la entrada.

12. Solucionar garajes, con arraigo y ascensores con espejo en posición de alejar.

13. Análisis radiestésico del lugar.
    Solución de geopatías, electro-magnetismo y agresiones psíquicas.

14. Propuestas de activadores para cada zona del *Ba-gua*.

15. Los tres secretos (mantras, mudras y visualización).
    Hacer una meditación antes de activar con los tres secretos.

16. Ritual de los nueve sobres rojos para restituir energía.

Benefactores
Cielo – Ch'ien – Yang completo

Es la primera área que debemos trabajar puesto que son nuestros benefactores quienes nos dan la guía y protección espiritual. Somos como marionetas cuyos hilos realmente son manejados desde lo alto. Nuestra vida no tendrá un verdadero equilibrio sin una búsqueda espiritual, sin la fuerza interior que solamente da la espiritualidad.

En ocasiones no sabemos orar a nuestros benefactores; ante todo debemos saber qué queremos pedir, luego tener verdadera Fe en que se nos concederá y también la humildad suficiente para aceptar que las cosas se nos dan en la medida que nos correspondan.

Pedir con el corazón y con toda sinceridad, *(sin repeticiones aprendidas)* como hablándole a nuestro padre con todo el amor que seamos capaces.

En esta área podemos incluir las personas que nos favorecen dándonos trabajo, clientes o patronos y también se puede activar para realizar viajes con pasajes u objetos alusivos.

El área del cielo es la puerta abierta a los amigos generosos. Es también el área por la cual nosotros como amigos generosos ofrecemos nuestro talento, tiempo y energía a quien lo necesita sin esperar nada a cambio.

Cuando hay faltantes en esta área se presentan dificultades en el trabajo con los jefes, enfermedades o falta de vitalidad.

Activadores

Algunos ejemplos son: color gris, objetos alusivos a la zona, un altar con velas e incienso dedicado a nuestro Ser Protector, representaciones gráficas o escultóricas de santos, ángeles, etc., un atril con la Sagrada Biblia, cuadros con imágenes celestes, un móvil con tonos grises o con ángeles.

Una manera más sutil de simbolizar la divinidad en un sitio comercial o de trabajo es colocar una pirámide y/o una esfera que como forma representan el poder creador de Dios.

En una anécdota del maestro Sant Kirpal Singh Ji Maharaj, el cuenta que cuando su maestro visitaba las casas de sus discípulos les preguntaba dónde está aquí la habitación para Dios. En varias casas que he asesorado, las personas tienen un espacio espacial para meditar donde desarrollan una especie de altar con incienso, velas, música de la nueva era y con imágenes de sus maestros espirituales en los muros o muebles.

Preguntas para esta área

¿Cuánto tiempo le dedico a la relación con mis benefactores?
¿Doy gracias por lo que me han otorgado? ¿Con qué frecuencia?
¿Cómo puedo mejorar esta relación?
¿Tengo amigos en los que puedo confiar en momentos de crisis?
¿Soy servicial con los demás?
¿Tengo ángeles visibles o invisibles que me protegen?

Profesión
Agua - Kan - Yang medio

El área del agua se denomina profesión pero incluye mucho más que el trabajo que se realiza. Representa la libertad para hacer lo que se quiere hacer; para vivir sin esfuerzo, con claridad y facilidad.

Deepak Chopra sostiene que si nosotros tenemos claro nuestro talento especial, aquello para lo que somos mejor que el común de la gente y pensamos en cómo podemos servir a los demás a través de ese talento, más que en cuanto nos vamos a ganar con él, el éxito será seguro.

Es conveniente crear esta inquietud en nuestros hijos desde pequeños para que al llegar a la elección de su vocación no duden en hacer lo que realmente les gusta. Esto garantizará que la energía que se aplique a esta labor sea muy positiva y enriquecedora hacia afuera y hacia adentro.

La energía del agua es de fluidez. La sociedad capitalista nos ha vendido la idea de competir con nuestros colegas de actividad garantizando una lucha de poder en la que todos perdemos.

Yo considero que la competencia es para que todos podamos escoger en cualquier sentido las opciones que más nos satisfagan y eso hace que cada uno se exija más. Entreguemos lo mejor de cada uno de nosotros a los demas. Busquemos a diario optimizar la calidad de nuestro servicio y que nuestros intercambios comerciales esten regidos por la ética, la verdad y el sentido de la justicia.

Recobremos los verdaderos valores para ser cada vez mejores seres humanos. Desafortunadamente en un medio corrupto, comportamientos fuera de ética son bien vistos socialmente y se habla de que el vivo vive del bobo. Pero energéticamente se trata de actitudes autodestructivas y que hacen daño a los demás.

Todos estos comportamientos se devuelven como un *boomerang* que destruye al que los propicia. Son comunes comportamientos como sacarle a un cliente más dinero que el que corresponde, en una clara actitud de aprovechamiento.

Esto genera una mala imagen del negocio, del buen nombre y la fama.

Activadores

Espejos simbolizando el agua; fuentes de agua, acuarios o representaciones gráficas de agua, plantas, luz. Colocar objetos que contengan líquidos, tinta, pintura, medicamentos o aceites. También colocar títulos universitarios o móvil.

Preguntas para esta área:

¿Estoy trabajando en algo que realmente me gusta?
¿Cómo me siento en este trabajo?
¿Estoy trabajando en el campo que quiero?
¿Tengo planes de cambio de profesión o especializaciones?

Conocimiento
Montaña - Ken - Yang menor

La montaña es el área de la contemplación silenciosa, el área del conocimiento interior que no se obtiene en escuelas ni universidades sino en el retiro solitario en meditación que lleva a la reflexión y la introspección.

Se relaciona con nuestro sentido de lo sagrado y lo espiritual en la vida. En el aislamiento de la montaña podemos encontrarnos con nosotros mismos. En últimas, esta interiorización nos conduce a la experiencia directa de Dios.

¿Estamos esperando acaso un dolor muy grande en nuestras vidas para acordarnos que Dios está ahí? ¿Que siempre ha estado? Al Eterno no le corre prisa nuestro encuentro con Él. No pospongamos esa búsqueda ni esperemos estar en procesos dolorosos para acordarnos de Dios. La información que llega de afuera se canaliza y se expande con veracidad y amor *"no hay amor más noble que el que difunde amor entre los demás"*.

Activadores

Símbolos de la montaña como cuevas, iglesias, objetos solitarios, cajas o vasijas vacías, vasija de barro honda simbolizando lo oculto y profundo del conocimiento.

Móvil azul o verde, imágenes cósmicas o planetarias, plantas en desarrollo que simbolizan el crecimiento. Imágenes de santos o yoguis en meditación, fotos nuestras en actitud reflexiva.

Preguntas para esta área

¿Cuál es mi relación con el mundo espiritual?
¿Hago algún tipo de devoción?
¿En qué momentos he sentido a Dios cerca de mí?
¿Cómo puedo mejorar esa relación?

Experiencias

Tuve la oportunidad de asesorar a alguien quien con toda honestidad me manifestó no tener claro sus objetivos en las áreas de la Prosperidad, Fama y Relaciones.

Acordamos trabajar el área del Conocimiento colocando en ésta una foto ambientada de un paisaje o una montaña en la que se estuviera preguntando *"quién soy yo, de dónde vengo, para dónde voy"*. Estas tres interrogantes son la base de todas las escuelas filosóficas del pensamiento universal.

El ser humano siempre se ha preguntado esto. Este proceso puede tomar algún tiempo. El camino más corto para esta y cualquier zona del Ba-gua es poner en manos de Dios cada situación y aceptar como un aprendizaje lo bueno o malo que nos sucede repitiendo permanentemente **dulce es tu Voluntad.**

Un camino mas corto aún y más seguro es seguir la guía de un maestro perfecto, él es uno con Dios y siguiendo sus huellas podemos fundirnos en el océano de toda conciencia.

Familia

Dentro de nuestra elección como almas para tomar este cuerpo físico y vivir experiencia deliberada como seres «humanos» escojemos los padres, hermanos, esposos, hijos y demás del grupo familiar. Esta elección se dá para permitirnos SANAR procesos emocionales, energéticos y cósmicos que vienen de atrás.

SANAR estas relaciones depende de la actitud que tomemos con los demás ante los roces y dificultades. Lo esencial es comprender el aprendizaje detrás de cada situación y dar lo mejor de nosotros en cada instante.

Estos seres son maestros que nos ayudan en nuestro proceso de crecimiento.

Para reflexionar:

«Igual que yo, cada persona está buscando un poco de felicidad en su vida, está tratando de evitar el sufrimiento ha conocido la tristeza, la soledad y la desesperación, está buscando satisfacer sus necesidades, esta aprendiendo acerca de la vida»*

«Cuando experimento conflictos con el mundo, estoy negando mi responsabilidad por mis propias creaciones. Cuando me siento separado y solo no he sabido perdonar. Cuando los eventos de mi vida se repiten hay una lección que debo aprender».*

Tomado de los materiales Avatar.

Activadores

Instrumentos musicales, plantas que crecen hacia arriba, cuadros del amanecer, fotos familiares, móviles azules o verdes, imagenes de bosques.

Preguntas para esta área

¿Cómo es la relación con mis padres?
Si han fallecido ¿Qué recuerdo de ellos?
¿Les dedico tiempo a mis padres?
¿Les he manifestado cuánto significan para mí?
¿Cómo estoy proyectando mi relación de pareja hacia los hijos?

Bienestar y dinero
Sun – Viento – Yin fuerte

El área del viento es el lugar de las Bendiciones de la fortuna. Es el área donde experimentamos lo que supone una bendición en nuestra vida, aún en medio de dificultades; por ella recordamos lo afortunados que somos. No significa únicamente recibir dinero, sino tener una percepción de la buena suerte en muchas áreas de nuestra vida, prosperidad, armonía, salud.

Cuando recibimos o entregamos dinero, estamos moviendo energía, energía de cambio permanente, bendigamos mentalmente este acto que se produce a diario. Dentro del Ba-gua está en directa relación con Benefactores, que implica la filantropía, el compartir con los necesitados lo que se recibe, cuantas más bendiciones recibamos, más podemos dar. Cuando hay faltantes en esta área, los ocupantes pueden sufrir accidentes o tendrán problemas con los negocios.

Activadores

Caja del tesoro, cilindro energético, móviles con peces o móvil de color morado, flores moradas, fuentes de agua, acuario con ocho peces rojos y uno negro o con ocho peces negros y uno rojo.

Preguntas para este área

¿Cuál es mi actitud frente al dinero?
¿Cuánto necesito y para qué?
¿Me siento afortunado o no?

Evaluemos nuestro bienestar en todos los aspectos.

Experiencias

En esta área siempre invito a las personas a bendecir y a dar gracias por lo que tienen antes de pedir otras cosas para su vida. Naturalmente les reitero que la mejor inversión que podemos hacer en nuestra vida es dejar el manejo de las situaciones a la sabiduría Divina. Sin quitarnos responsabilidad pero sí con la suficiente humildad para reconocer que cada situación por difícil que sea está allí para enseñarnos algo.

Parte de nuestra prosperidad es convencernos que somos hijos del Padre, creados a su imagen y semejanza, somos herederos de su trono, príncipes reales que merecen lo mejor en la medida que aprendamos a valorarnos nosotros mismos siempre aspiramos a lo mejor; una afirmación para hacer en los momentos de meditación es *«Yo me siento cómodo con esta prosperidad»*

Por otro lado, cuando recibamos dinero, expresemos gratitud por él y deseemos que se multiplique para la persona que lo da y para quien lo recibe.

Bendigamos también los servicios que nos prestan y por los cuales damos dinero a cambio. El intercambio de dinero es en últimas, intercambio de energía. Damos nuestra energía y recibimos la energía de los otros.

Fama
Fuego – Li – Yin medio

El área del fuego es la iluminación; estar cargado de fuego significa manifestar la energía de la claridad. Al final del ciclo vemos la luz que brilla en nuestro interior; no se refiere a la fama pública sino a la iluminación interior y a la capacidad para iluminar a otros.

Está relacionada con su opuesto a 180° la profesión, recordándonos que debemos hacer siempre *"lo que queremos de verdad"*.

Faltantes en esta zona denotan preocupación por el qué dirán. También representa el reconocimiento por nuestro trabajo.

Activadores

Flautas para elevar la energía de esta área, fotos alusivas a la persona en posición de poder, cuadros que denoten triunfo, héroes o personajes famosos, imágenes de fuego, móvil rojo. Sol naranja como símbolo del brillo personal.

Preguntas para este área

¿He dado gracias a Dios cuando he estado en posiciones de privilegio?
¿Cómo he manejado el estar por encima de otros en cuanto a posición social o económica?
¿Deseo realmente la fama y para qué?
¿Me importa el qué dirán?
¿Se me reconoce por mi trabajo?

Experiencias

Un aspecto reiterativo en el trabajo de esta área es que las personas no suelen tener claro lo que quieren y debido a una mal entendida humildad las personas manejan un nivel de autoestima relativamente bajo.

Cuando les sugiero colocar su foto bien ambientada y visualizándose en el lugar que quieran llegar a nivel profesional o comercial, sienten rechazo por creer que los empleados, familiares o amigos que vean esta imagen la considerarán exagerada o fuera de contexto.

Todos sabemos que los grandes personajes de empresas colocan su imagen triunfante en la recepción y en todos los sitios importantes de las instalaciones de la compañía.

En conclusión, el primero que tiene que estar convencido de querer el éxito es uno y esto generará en los demás un efecto multiplicador que reforzará la intención que se tiene.

El orden de ideas sería definir metas, visualizarlas, colocarles en un lugar visible y nuestra energía y la energía cósmica se unirán para lograr el objetivo.

Relaciones y Matrimonio
Kun - Tierra - Yin completo

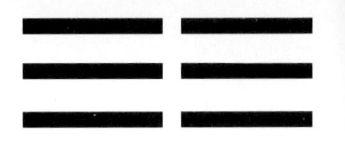

Las relaciones con los demás nos ayudan a integrarnos mejor con aquellas partes de nosotros mismos que no vemos fácilmente. La esencia de esta área está simbolizada por la tierra, la receptiva, la naturaleza de la modestia sincera, la humildad y el corazón generoso y abierto. Entrar en una relación significa ser sinceramente receptivo y generoso. El área complementaria (a 180°) es la montaña. Nuestras relaciones con los demás son siempre el resultado de la forma en la que las llevamos dentro de nosotros mismos.

"El amor ciego es espejismo, es pueril". De novios los sentimientos son intensos y las emociones excitantes; de casados el corazón late tranquilo y el entendimiento mira la realidad, pero no por ello el cariño se ha desvirtuado sino, por el contrario, se trata de una relación más madura. El amor verdadero no es un "vivieron felices para siempre; el amor verdadero es una promesa, un voto de entrega; no es felicidad eterna, sino crecimiento armónico (aunque a veces doloroso); no apasionamiento ansioso sino unión beatífica". C.C. SÁNCHEZ.

Las relaciones son el reflejo del amor universal, el amor es un regalo del cielo, es Dios mismo amándome a través de ese ser, la relación de pareja es el crisol en que forjamos nuestro crecimiento espiritual. El esquema del supresor-víctima se repite con frecuencia, estemos atentos a no caer en estas relaciones que enferman y matan. Trabajando primero nuestro propio YO interno, solucionando nuestras carencias y debilidades, nuestro cuerpo energético proyecta hacia afuera lo que necesita para equilibrarse y esa vibración entra en contacto con la vibración del otro creando la "Química o atracción" que une a los dos seres. Es el terreno donde podemos dar el 100% cada uno, donde podemos dar, sin esperar recibir nada a cambio, donde podemos crecer autónomamente sin depender afectivamente, ni económicamente del otro.

Las relaciones de dependencia son las que nos hacen infelices, no esperemos nada de nadie, así cuando algo llega a nuestra vida se recibe con alegría. Sólo podemos esperar algo de nosotros mismos.

Todos sabemos lo difícil que es la convivencia, es compartir lo mío entre dos: el espacio, el tiempo, las cosas, pero con una buena dosis de tolerancia, de paciencia, de comprensión, puede ser muy gratificante.

Pidamos todos los días a Dios que nos ilumine y nos dé sabiduría para que cada pensamiento, palabra y obra que emprendemos sean guiadas por su amor, no nos permitamos hacer daño a nadie con nuestras expresiones.

En las situaciones difíciles recordemos que el rechazo, la contracción y el desamor sólo logran que el ESQUEMA se repita, si logramos la magia del "Dulce es tu voluntad" aceptemos con amor lo que suceda y así podremos pasar la prueba con rapidez y menos dolor, expandiéndonos ante las dificultades.

En la práctica he comprobado que el esquema del machismo sigue muy arraigado en las parejas alimentado por hombres y mujeres por igual. Cuando la pareja logra el respeto mutuo y se permite crecer con autonomía las relaciones son más armónicas.

Antes de emprender una relación debemos estar seguros de tener la autoestima nivelada, guardar la prepotencia, el orgullo y la arrogancia para garantizar una verdadera armonía en pareja. Todo esto sin mencionar las relaciones que se basan en cuánto tienes, cuánto vales. Lo que se construye sobre terrenos pantanosos no dura.

Activadores

Móviles de peces, flores rosadas, objetos en pareja, fotos de la pareja, fotos de los amigos. El color rosado va íntimamente ligado al plano emotivo del ser, un *collage* con fotos, dos velas rosadas, una planta con flores rosadas.

Preguntas para este área

¿Tengo mi propia autonomía dentro de la relación de pareja?
¿Permito que mi compañero sea autónomo?
¿Hago un esfuerzo real para que mi relación fluya?
¿Cómo son mis relaciones de amistad y de trabajo?
¿Es la relación con mi pareja, gratificante?

Experiencias

En los textos de Louise Hay y James Redfield he encontrado una coincidencia en la forma como ellos analizan las relaciones de pareja.

Ellos plantean que nuestra primera pareja somos nosotros mismos, que trabajemos primero en equilibrar el masculino y el femenino que hay en cada uno de nosotros

Dentro de ese esquema y en la medida que nuestra vibración personal proyecte el equilibrio y la paz interior, esa proyección atraerá hacia nosotros seres con evoluciones similares.

Al unirse dos seres incompletos cuyas debilidades y fortalezas son complementarias cada uno pretende gobernar a ese tercer ser incompleto en una lucha por el poder que hace que la famosa química inicial se rompa, porque cada uno vio en el otro el refugio a su propia incompetencia y cuando la realidad sale a flote viene el desencanto mutuo.

Las relaciones basadas en el respeto por la libertad individual y el apoyo mutuo para el crecimiento, en que se comprenden y aceptan la naturaleza y los gustos de cada uno se construyen sobre bases sólidas.

Por otro lado estoy convencida que con una autoestima nivelada podremos seleccionar a la persona adecuada reflexionando muy profundamente para evitar tomar una decisión apresurada.

Creatividad y niños
Lago – Tui – Yin menor

Todo lo que creamos, obras, proyectos, ideas, viene de la energía del lago. Esta área nos da alegría e imaginación, la creatividad existe en cada uno de nosotros. Con ella la vida es mágica.

Cualquier acto que emprendamos en nuestra vida puede llenarse de magia, si dejamos salir el niño que tenemos dentro.

Dejemos volar la imaginación sin límites, visualicémonos triunfando, llegando muy lejos, llevando nuestros productos al mercado internacional, innovemos en nuestra vida diaria, al cocinar, al vestirnos, al hablar, al escribir.

Démonos la oportunidad de llegar lejos. Llenémonos de esa fuerza interior que obtenemos del conocimiento; la que nos dan los Benefactores y seremos como águilas volando hasta sitios insospechados.

Reeduquemos la mente colocándole una grabación diferente a la que traemos: ¡Sí puedo! ¡No le temo a nada! ¡Soy el líder de mi propia vida! ¡Soy genial! ¡Nada ni nadie puede impedirme lograr mis metas!, etcétera.

Hay organizaciones que nos pueden servir de apoyo para este despertar, lo único que necesitamos es querer hacerlo. Las respuestas llegan en la medida que surgen las inquietudes.

Experiencias

Los mejores momentos para crear son los de quietud. Cuentan que Einstein y otros muchos sabios se quedaban en estados de NO HACER NADA por horas, y contrario a lo que nos decían cuando pequeños, que la pereza o el ocio generaban más vicios. Esos momentos de paz y tranquilidad son los mas propicios para generar ideas nuevas. En el estilo de vida actual lleno de estrés y de agendas atiborradas proponemos como iniciativa alejarse una vez por semana de la ciudad e ir, por ejemplo, a una piscina de aguas termales. Esto es restaurador y renueva nuestra energía y hace que volvamos a la vida cotidiana con nuevos bríos.

El amarnos a nosotros mismos, el amar lo que hacemos, el permitirnos hacer y decir lo que realmente queremos y no lo que otros quieren de nosotros es verdaderamente liberador. Por eso, estas filosofias son peligrosas para el establecimiento, el cual no sabe que hacer con multitudes de seres liberados, autónomos y felices.

Por eso los grandes maestros y sabios de la historia han sido tan perseguidos. Sólo ahora en esta nueva era las ideas libradoras se reciben abiertamente, aunque el poder negativo no pierde oportunidad de destruir estas opciones de vida.

Activadores

Semillas, objetos alusivos a la creatividad, obras de arte, esculturas que representen niños, móvil blanco, imágenes del lago o de lluvia, flores blancas, bola de cristal facetada. Pinturas infantiles, coloque allí su trabajo escolar o universitario más creativo, esa maqueta de construcción galáctica o esa máquina que inventó para la feria de la ciencia. El color blanco simboliza lo que está por comenzar, lo nuevo y maravilloso.

Preguntas para esta área

¿Qué tan creativo soy?
¿Qué proyectos tengo para el futuro?
¿Me permito innovar en mi trabajo?
¿En mi vida diaria?

Se me ha revelado este secreto
el amor no es una gota de rocío,
es una chispa de fuego
Oh vida misma de nuestros recuerdos
quién salió de tu recámara
de miríadas de espejuelos tachonada,
lo hizo con ojos que para siempre
perdieron su sueño.

SANT DARSHAN SINGH JI MAHARAJ

Salud
Tierra – Tai Chi – El Centro

Cuando falta esta área, el exterior está en el interior, es de muy buen augurio, este diseño ha sido utilizado por muchas culturas tradicionales. Es el lugar donde el cielo y la tierra se encuentran y se separan creando el auténtico latido de la fuerza vital y del resto de los elementos.

Parte del equilibrio y la armonía del ser interno es el cuidado de nuestra salud. Un aspecto de nuestra vida que requiere mucha atención es nuestro cuerpo emocional; está demostrado que todas nuestras afecciones físicas tienen su origen allí en la acumulación de frustraciones, decepciones, desengaños, miedos que forman un bloqueo energético que impide nuestro desarrollo armónico.

Existen muchas terapias holísticas para ayudarnos. Entre otras Riberting, Aurasoma, terapias con cristales de cuarzo, sofrología, esencias florales, eneagrama, aromaterapia, cromoterapia, etc. Estos bloqueos se reflejan en el cuerpo fisico por lo cual los pioneros de la holística buscan sanar al enfermo antes que curar la enfermedad.

En Oriente los textos filosóficos de los grandes sabios recomiendan mantener un estado de ánimo ecuánime sin mucha euforia ni depresión ya que las emociones fuertes generan reacciones en nuestro sistema hormonal, nervioso, circulatorio, respiratorio que disminuyen ostensiblemente nuestra esperanza de vida.

Entre otros principios para la longevidad están el hacer ejercicios a diario como el yoga o el TAI CHI, no comer carne de ninguna clase, ser moderados en el comer, respetar los ciclos de la naturaleza, no trasnochar, respirar adecuadamente, abdominalmente y no con el tórax, tener contacto con la naturaleza, no asumir cargos de poder, meditación e introspección diaria, relaciones sexuales sin eyaculación para el hombre o castidad como alternativa.

Estos principios aseguran una vida pausada, tranquila y larga en comunión con el cosmos. De cualquier forma el estar en estos caminos genera un compromiso de cambio muy fuerte con nosotros mismos considero que la recompensa es tan grande que no puede compararse con nada.

Activadores

Agua, plantas, plantas con flores amarillas, papel de colgadura con tonos amarillos, cuadros con tonos amarillos.

Preguntas para esta área

¿Estoy realmente valorando mi cuerpo como templo que es del espiritu?
¿Conocemos realmente los bloqueos emocionales que tenemos?
¿Dedicamos tiempo de nuestra vida cotidiana al mejoramiento de nuestro cuerpo?

Activadores

Análisis de los activadores

ESPEJOS

Es una de las curas más comunes que se emplean en el Feng Shui, pero deben usarse correctamente para no caer en el efecto contrario a lo que se busca.

Condiciones físicas:

Mantenerlos limpios, no deben estar rotos, estropeados, desgastados u opacos y si son ahumados no deben utilizarse si la imagen se ve "rodeada de neblina".

El campo vibracional que rodea el cuerpo humano, llamado *aura*, abarca 18 centímetros alrededor de todo el cuerpo. El espejo debe ser lo suficientemente grande para incluir el aura en su reflejo.

No se recomienda colocar un espejo al lado del otro ni en planos diferentes, todo esto distorsiona la figura. Los murales hechos con pequeñas piezas de espejo son la pesadilla para el **Feng Shui**. Al colocar un espejo se debe tener en cuenta que refleje cosas agradables y no energías muertas o en proceso de descomposición. En las habitaciones pueden colocarse, siempre y cuando no reflejen el cuerpo mientras dormimos. En todos los casos el espejo funciona aunque lo coloquemos detrás de un cuadro o mueble.

Para completar el *Ba-gua* o incorporar extras

En los casos en que falta una de las áreas del BA-GUA se coloca un espejo en las paredes aledañas en el centro de cada pared y a la misma altura, mirando hacia dentro con el fin de completar visualmente el área faltante. En consecuencia, esta área que faltaba tanto en el BA-GUA como en la vida, reaparece. Para incorporar un extra se coloca en el centro del muro un espejo octogonal y se le da mentalmente la intención.

Para permitir el flujo de energía

Colocando a ambos lados de la puerta principal se atrae un nuevo flujo de energía en nuestra vida.

Para dar prosperidad

Colocar un espejo en la pared posterior de la estufa con el fin de reflejar las hornillas, trae buen augurio, fortalece la salud y la prosperidad.

Espejo convexo

En la entrada de una casa para extender la energía y la luz y para atraer la energía de una vía en conjuntos cerrados.

Para revertir energías opresoras

En casas aledañas a edificios altos o torres de agua o antenas, se coloca un un espejo en el techo mirando hacia el objeto, esto disminuye la fuerza opresora y la devuelve.

Para protección

Se utiliza un espejo en forma de *Ba-gua* con el cielo temprano (octogonal) y con los trigramas en la entrada de la casa, esto es tradicional en el Lejano Oriente, dispersa la energía negativa, ahuyenta maleficios y resguarda del mal.

CRISTALES

Un cristal reluciente es un gran activador de energía; proyecta un arco iris de colores. Son portadores de curación, poder, buena suerte y sabiduría espiritual. El más eficiente será un diamante, pero por su costo no es utilizado; el diamante está cargado de amor.

En su reemplazo se utiliza el cristal tallado en múltiples facetas con forma esférica (la talla debe ser triangular). Puede colgarse o apoyarse en una base. Una lámpara de cristal o los cristales, adecuadamente colocados, sirven para activar el *Ch'i*.

Para completar un área del *Ba-gua* donde no es posible colocar un espejo debido a que hay una ventana, un cristal colgado de la ventana, servirá. Puede utilizarse en forma de esfera.

El tamaño de dos centímetros de diámetro es suficiente. Si se utilizan muy grandes generan ondas muy fuertes que desequilibran el espacio en lugar de armonizarlo.

Son bienvenidos para activar cualquier área del Ba-gua y atraer la energía, también en ese aspecto de la vida. Si se coloca un cristal en el centro del *Ba-gua* (*Tai Chi*), no es bueno tener cerca espejos o móviles pues juntos crean desequilibrio.

Una cura de mucha fuerza es un cristal en esta área; sólo debe usarse cuando las demás no han dado resultado.

El cristal refracta y refleja la luz del sol, la luz espiritual y la luz universal. Mejora la eficacia de las visualizaciones, crea y refleja la energía, tiene poderes espirituales intrínsecos. Utilícelo en áreas oscuras y no utilizadas como depósitos o vestidores.

LUZ

La luz es energía, puede emplearse para completar una esquina faltante en el Ba-gua. Dan energía al área en que se coloca, cargan de energía y activan las casas del Ba-gua. Se utiliza en los techos que van en caída apuntando hacia arriba. También en las entradas. Éstas deben ser iluminadas. Una lámpara de pie o de mesa con el color de la zona es un gran activador.

MÓVILES

Cuando tienen sonido, moderan y cambian el flujo del *Ch'i*; compensan los puntos de convergencia de energías diferentes, en las entradas a vivienda o comercio, con el fin de marcar claramente la diferencia entre el ambiente exterior y el interior. Se utilizan en corredores muy largos en el hall de alcobas donde convergen varias puertas.

PLANTAS

Todas las plantas vivas atraen la energía positiva hacia una habitación y ayudan a estimular la actividad en la casa del *Ba-gua* donde se instalan.

El empleo de las plantas puede ser tan creativo como queramos. En las chimeneas se utilizan plantas con caída para contrarrestar el

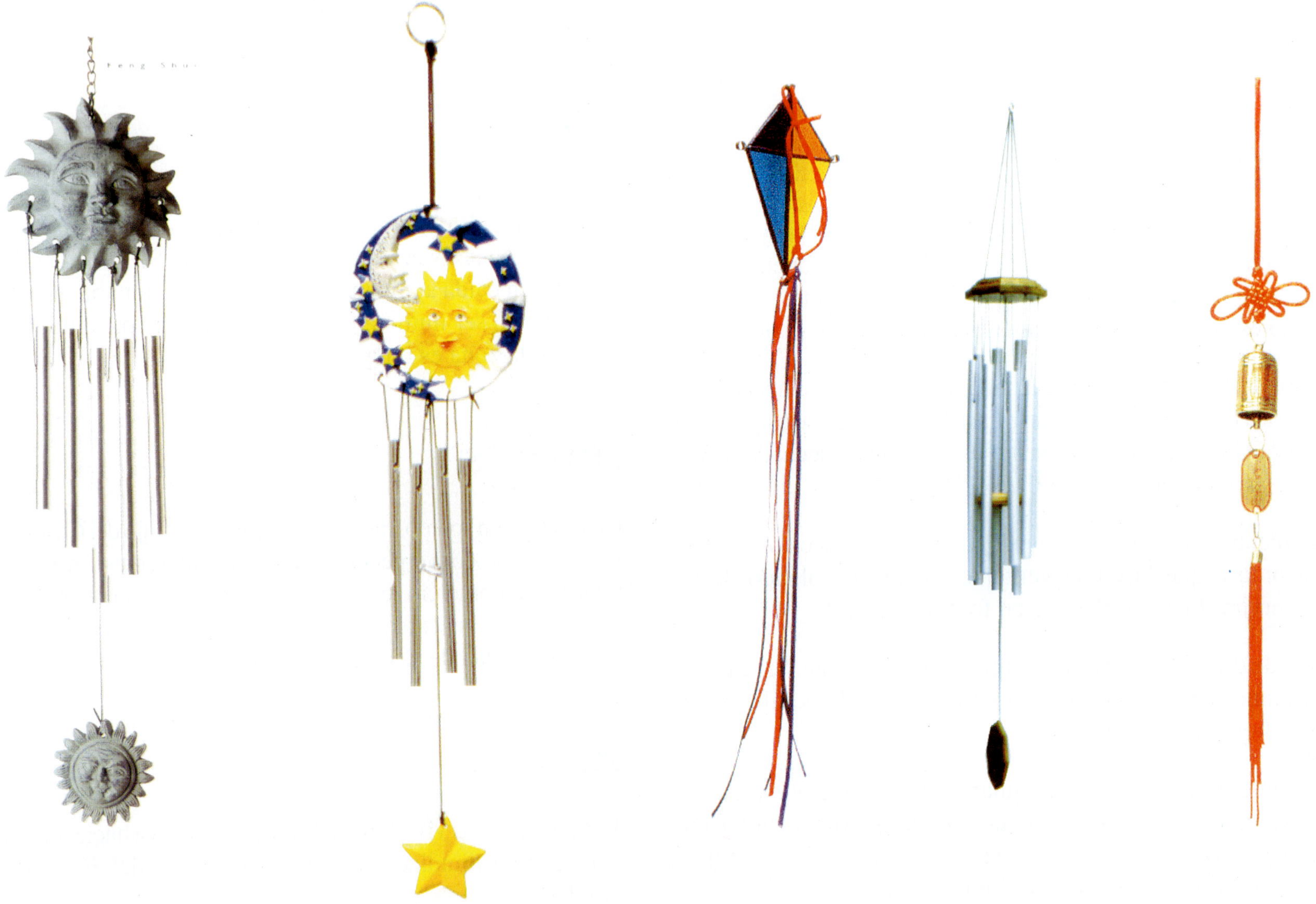

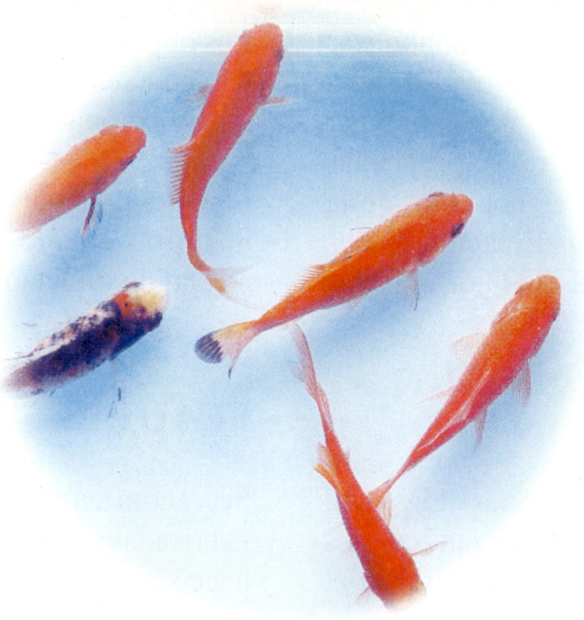

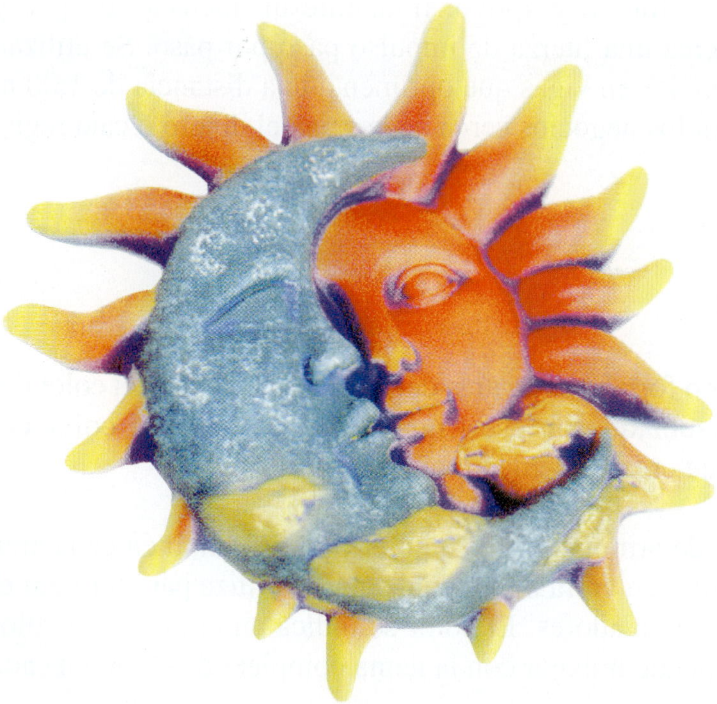

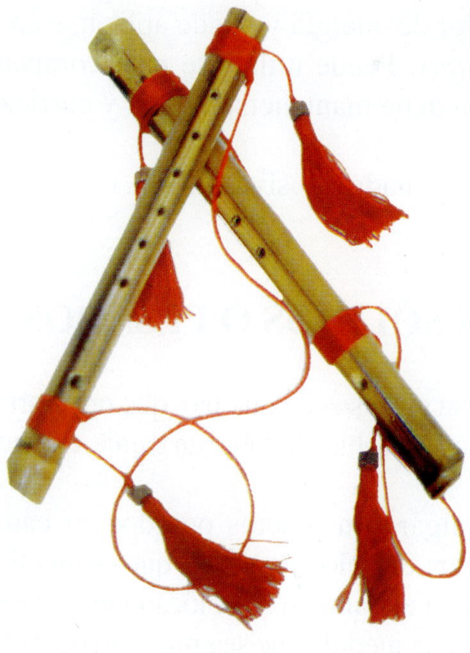

escape del *Ch´i*. En familia, plantas en crecimiento para simbolizar el cuidado a los hijos que crecen. En los balcones o voladizos una enredadera que sube puede simbolizar el arraigo que este lugar requiere. Evitemos plantas con espinas, cactus, flores secas, plantas artificiales. Podemos utilizar macetas con flores del color de la zona. En Prosperidad, millonaria o dolar. En Relaciones, dos tronquitos del Brasil o tronquito de la felicidad. En Fama, plantas con flores rojas.

AGUA

El agua es una fuente real y simbólica de vida; entrar el agua en casa es entrar las oportunidades. En el comercio se utilizan acuarios a la entrada o una fuente de agua cuya corriente sea paralela al flujo de clientes.

Es un activador de energía y puede aplicarse en cualquiera de las casas del *Ba-Gua*. Puede utilizarse para compensar el fuego. En cualquier caso debe mantenerse limpia y corriente.

En profesión un cuadro alusivo al agua, mar o cascada actúa como activador.

OBJETOS SÓLIDOS O PESADOS

Se recomiendan en casos en que hay que crear arraigo; por ejemplo, si una habitación está ubicada sobre un garaje, éste genera inestabilidad.

Se puede arraigar con objetos pesados en cada esquina o para simbolizar "entre el cielo y la tierra" que es una figura de arraigo, se pinta un árbol en el garaje o se colocan cintas rojas en cada esquina del garaje con una medida que sea múltiplo de 9 (1,80 m ó 2,70 m) y una pequeña cinta de 9 centímetros amarrada en el centro de la otra.

Los objetos sólidos dirigen la energía hacia abajo y hacia adentro, darán raíces a algo que ya está ocurriendo en la casa del *Ba-Gua* en que se coloque.

La masa produce ondas vibratorias que a su vez son recibidas por nosotros creándonos sensaciones de pesadez o liviandad o afectando directamente el área en que se localizan.

FLAUTAS

Se recomiendan en baños o también en el área de la fama. Fabricadas en bambú toman las propiedades de éste, suave, flexible, hueco, ante las dificultades se dobla sin partirse.

El bambú da fuerza y apoyo, transmite un mensaje de paz y seguridad, crea una fuerza de impulso paso por paso. Se utilizan colocadas en 45º en vigas que oprimen a una distancia de 1,00 m cada una. En los negocios cerca de la caja del dinero o caja registradora.

COLOR

Para apoyar o fortalecer un área del *Ba-Gua* se adiciona el color del elemento asociado con ese trigrama, se adiciona el color del elemento que crea el elemento que va a fortalecer.

El color verde armoniza en cualquier espacio, también cada área tiene un color que vibra mejor con ella y se utiliza para reforzar el papel de los activadores. El color se indica en el gráfico a color anexo y se puede trabajar con la gama completa de color, en cada caso.

Caja del dinero

Alternativa 1

Gire un cheque por el valor más grande que se le ocurra a nombre suyo, sin fecha y con cruce al primer beneficiario, átelo con cinta roja dándole nueve vueltas y deposítelo en la caja.

Alternativa 2

Aliste los siguientes elementos: La caja del dinero, un pedazo de tela de 30 cm por 30 cm de color rojo, un papel rojo de 9 cm de diámetro, un esfero de tinta negro nuevo y 27 monedas de la misma denominación. Tome una respiración profunda y escriba sobre la cara roja del papel, con el esfero negro: *"Cofre del tesoro"*.

Exhale y en la otra cara del papel escriba su nombre. Pegue el pedazo de papel con el título hacia el exterior en un costado de la caja. Seleccione una moneda de cualquier valor como la moneda de su ejercicio. Durante 27 días seguidos, separe las monedas de la denominación seleccionada y no las gaste. Cada noche, antes de acostarse, deposite las monedas en la caja. Coloque la caja debajo de la cama en línea con los brazos extendidos (acostado) y active con la técnica de los tres secretos.

Si en esos días, no recibe monedas de la denominación seleccionada, haga el refuerzo de los tres secretos y continue al día siguiente.

Si se olvida de guardar las monedas un día, debe hacer el ejercicio desde el comienzo con nuevo esfero y nuevo papel. Al cabo de los 27 días se remueven los materiales y el dinero se entrega en caridad o se deposita en una cuenta de ahorros que no se gastará.

Dos personas pueden compartir el uso del mismo cofre del tesoro.

Cuando quiera que viajé
de la tierra a la vía láctea
encontré amor a cada paso
y belleza en toda mirada

SANT DARSHAN SINGH JI MAHARAJ

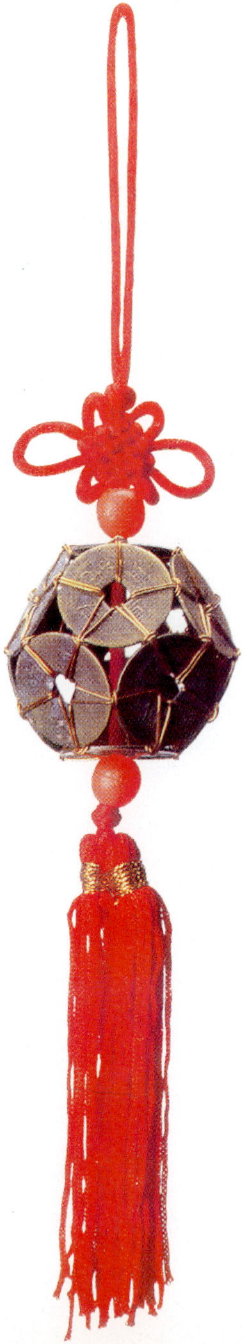

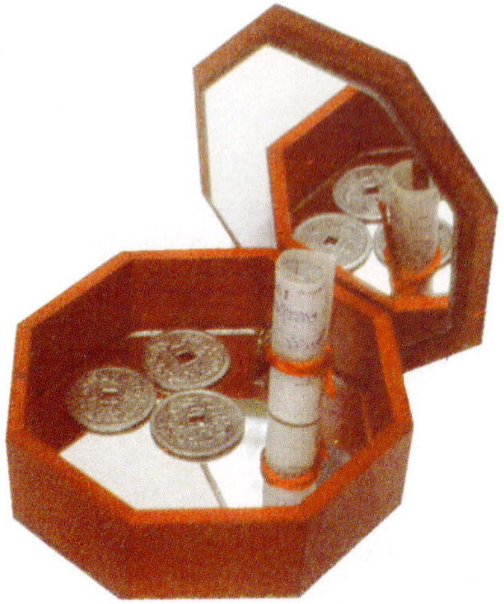

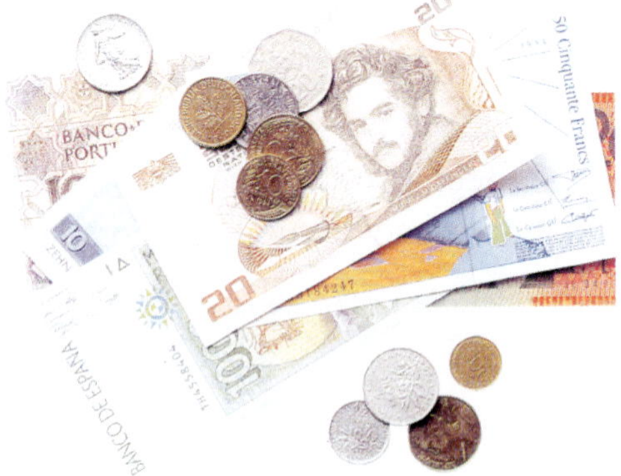
BANCO DE ESPAÑA
50 Cinquante Francs

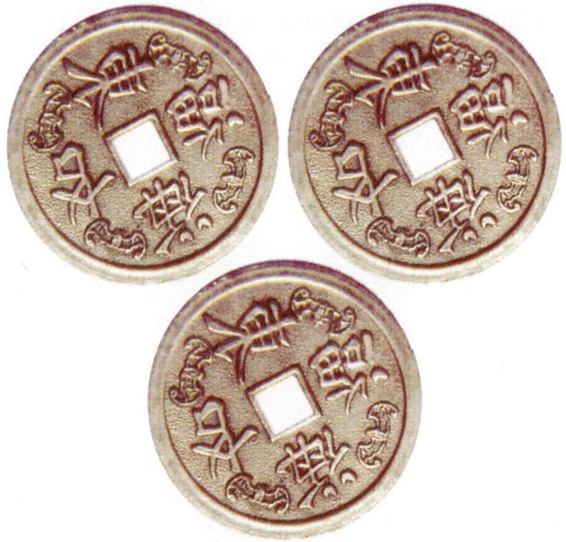

Correctivos genéricos

Estos correctivos o curas se aplican de forma similar en cualquier sitio donde se presenten pérdidas energéticas o drenajes energéticos como son los sifones, chimeneas, etc.

Ventanales

Las grandes ventanas se convierten en escapes energéticos. La cura más usual es colocar una bola de cristal en la mitad del ventanal o tres, seis o nueve plantas delante de éste, con el fin de formar una separación entre él y el interior. Es más importante hacer la cura si la cabecera de la cama está contra la ventana o si la espalda de una persona sentada frente a un escritorio da contra la ventana.

Corredores

Si se trata de un corredor muy largo se recomienda colocar un móvil para acortar esta distancia o una luz. Si se trata del sitio de convergencia de puertas, como sucede en el hall de alcobas, se puede colocar una bola de cristal facetado o un móvil.

Accesos

En la entrada principal colocar un espejo con el *Ba-gua* precelestial para la protección del recinto; así como en las entradas de las alcobas. Las cintas con campanas se emplean para destacar la voz del adulto y dar la bienvenida al que llega. La entrada a la vivienda debe ser clara sobre todo si es el área de recibo de los apartamentos donde es frecuente ver oscuridad total en pleno mediodía, esto no deja circular el *Ch'i* hacia el apartamento y las oportunidades no entran.

Faltantes

Los faltantes del *Ba-gua* se corrigen con un espejo lo más grande posible colocado en la pared aledaña al faltante, mirando hacia el interior del espacio; puede taparse con un cuadro o mueble. Si el faltante coincide con ventanal y no pared, una bola de cristal puede remplazar el espejo.

Vigas

Cuando se presentan vigas en el techo del lugar de permanencia, estudio o habitación, se recomienda colocar dos flautas en diagonal a 45° con una distancia de un metro entre ellas. También se puede suavizar su efecto pintando plantas a lo largo de ellas (en forma de enredadera). En alcobas una solución rápida y fácil es dormir con toldillo.

Baños

El baño es considerado un drenaje energético. Esta pérdida se corrige ante todo, dejando cerrada la puerta del baño, colocando espejos en los sifones con la cara en dirección contraria al desagüe y una flauta en una de las paredes para elevar su energía con la boquilla hacia arriba y formando un ángulo de 45° con la hori-zontal. En la parte superior de la puerta también se recomienda colocar un *Ba-gua* por fuera y mirando hacia fuera. Otra solución para sifones de piso es taparlos con tapete de caucho. Mantener tapados el sanitario y la palanca del sifón del lavamanos.

Estufa

Si se encuentra cerca del lavaplatos es recomendable colocar un objeto de barro y uno de acero entre los dos para equilibrar la cercanía entre agua y fuego. Para aumentar la prosperidad y obtener abundancia se coloca un espejo en una de las paredes de tal forma que duplique las hornillas.

Garajes

Cualquier espacio del *Ba-gua* sobre un garaje es desestabilizado debido al movimiento de entrada y salida de los carros.

Para esto se emplean las soluciones de arraigo: piedras en las cuatro esquinas del lugar afectado o espejos hacia abajo, también en las cuatro esquinas, en el piso.

O cintas de color rojo con una dimensión múltiplo de 9, en las esquinas del garaje para simbolizar el estar entre el cielo y la tierra con una cinta de 9 centímetros amarrada a la mitad de la altura.

Otra solución es pintar en el garaje un árbol en una de las paredes. Crea un enlace entre el piso de arriba y el de abajo.

Ascensores

La presencia de un ascensor aledaño a un apartamento desestabiliza el área del *Ba-gua* que quede más cerca. La cura recomendada es colocar un espejo mirando hacia el ascensor en la pared contigua a éste y mentalmente expresar la intención.

Depósitos

Deshacerse de lo que no utilizamos, mantener orden en los depósitos, colocar un móvil para mantener la circulación de la energía. Es un sitio oscuro también se recomienda una bola de cristal facetado.

Chimeneas

El ducto causa pérdida energética. Se recomienda prenderla por lo menos una vez por semana, así sea colocándole una vela; colocar un espejo en la pared sobre la campana o uno dentro del hogar de la chimenea mirando hacia abajo. También se utiliza en **Feng Shui** colocar 3, 6 ó 9 plantas que tengan caída en el tablón que tienen usualmente encima del hogar.

Filos

Los filos emiten una energía cortante y molesta. Se recomienda colocarles una cinta roja a lo largo. Otra opción es trazar una línea roja sobre éste, está comprobado que al trazar la línea se amortigua la emisión de ondas de forma el rojo actúa por cromoterapia absorbiendo la agresión de forma.

Esencias florales

Encuentro mucha afinidad entre las esencias florales y el trabajo con **Feng Shui** debido a que el objetivo de éstas es lograr la armonía interior de las personas; lograr que cada persona entienda la misión para la cual está en este plano vibratorio. Las esencias florales procuran el equilibrio entre los cuerpos físico, astral y espiritual.

El planteamiento médico busca mejorar al paciente antes de curar la enfermedad. partiendo del principio de que lo que afectó al plano físico pasó antes por nuestro cuerpo emocional y mental.

Las esencias florales llegaron al mundo occidental gracias al doctor EDWARD BACH nacido en Inglaterra en 1886 quien comprobó que, tratando el estado anímico de las personas, se presentaban mejoras notables en su condición física.

El doctor BACH llegó a la conclusión de que las enfermedades básicas del ser humano son: orgullo, crueldad, odio, egoísmo, ignorancia, inestabilidad y codicia.

Las esencias florales actúan transmitiendo la energía vibratoria de la flor a la cual pertenecen; en la antiguedad, algunos sabios se alimentaron del rocío de las flores y recibieron los beneficios que ellas ofrecían.

Para el proceso de extracción, la persona debe tener una gran preparación espiritual, debe estar conectada con las devas de las flores y amar profundamente la naturaleza.

Para profundizar en este tema, están los libros de SANTIAGO ROJAS POSADA M:D. *"Esencias florales un camino..."* y *"Manual de la curación por las flores de Bach"* de GOTZ BLOME.

Su aplicación es de alcances incalculables, actualmente el doctor SANTIAGO ROJAS tiene un programa de ayuda a enfermos terminales y sus familias que se lleva con gran eficacia, ayudando a quienes pasan por este difícil trance.

Los maestros nos compartieron a través de DEYANIRA OSPINA en Santa Marta, unas fórmulas de limpieza de espacios que, ojalá, sean de utilidad para todos.

Objetivo	Combinar estas esencias
Limpiar, armonizar, proteger	Orquídea del amor, orquídea de protección, nogal, menta, Milenrama.
Limpieza de agresiones	
Procesos de cambio o transformación	Milenrama
Agresión psíquica	Nogal y Sauce
Area de Bienestar y Dinero	Nogal, lavanda, menta
Protección	Nogal y sauce
Armonización	Orquídea de protección
Equilibrio de la pareja	Orquídea de la armonización, Lirio mariposa y girasol

Procedimiento

Preparar la mezcla en agua. Diluir esta mezcla en agua cristal y llenar un aspersor con ella. Hacer una oración a la entrada del hogar, pedir protección al maestro interno y a los maestros guías de la luz. Pedir permiso al espíritu Rector del sitio, abrir los puntos cardinales del sitio y pedir protección a los arcángeles para estos puntos.

Cerrarse a las energías negativas del sitio, pedir permiso a los elementales de las plantas para utilizar sus esencias. Hacer una oración de Perdón por el daño que se puede haber ocasionado a otros seres por acción o por omisión en esta vida o en vidas anteriores.

Ofrecerse a Dios y pedir humildemente que le permita actuar como su canal.

Luego, ir con el aspersor a cada espacio y aplicando en las esquinas superior e inferior y la línea de unión entre ellas, haciendo una figura en forma de ángulo y en el cruce de los muros llevar una línea de aspersión hacia el centro de la habitación; cerrar en techo y piso en el centro con un círculo.

Mental u oralmente, repetir una oración intuitiva que exprese la intención de limpiar el recinto de malas intenciones, de ataques que vengan de afuera.

El trazo pintado corresponde a los sitios para aplicar la aspersión y limpiar.

Cómo aplicar las esencias en un espacio

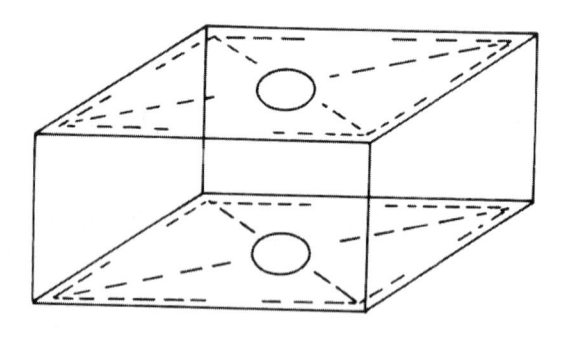

Significado de las plantas

Utilizar plantas de hojas redondas, tallos abundantes, evitar *cactus*, la única cactácea que funciona bien es la *sábila*. Las plantas floreciendo en Benefactores nos atraen clientes. Los bonsai son naturaleza detenida, sirven para detener el proceso de deterioro celular en los enfermos.

Acacia	Estabilidad
Toronja	Fertilidad
Mandarina	Riqueza
Bambú	Juventud
Durazno	Amistad
Rosa	Belleza
Pino	Longevidad
Ciruela Roja	Belleza y juventud
Ciprés	Realeza
Pera	Longevidad

La energía del color

Cuando se va a seleccionar un color para una habitación el usuario puede confundirse puesto que no sabe si seguir sus gustos o los parámetros de la moda, las opiniones de sus amigos y termina aplicando el color sin la conciencia de las repercuciones energéticas del color utilizado.

El principio a través del cual funciona la cromoterapia es que el maestro interno de cada uno de nosotros a través de la intuición nos guía para seleccionar lo que nos conviene en cada momento. Cada uno de nosotros tiene sus propios parámetros estéticos y es tan válido como el de cualquier diseñador o decorador.

La calidad estética de los objetos que nos rodean es el reflejo de lo que hay en nuestro interior, la ropa, objetos decorativos, obras de arte, son parte de nuestra identidad es triste ver cómo nos dejamos llevar por la sociedad de consumo y por imposiciones de la moda y no por nuestro propio ser.

No permitamos que otros decidan por nosotros y ante críticas destructivas, podemos responder con respeto ante la opinión del otro, sin necesidad de armar polémicas que finalmente son sólo luchas de poder.

El *Feng Shui* plantea el uso del color bajo tres parámetros posibles como ejes armonizadores; el primero de ellos es la cualidad *Yin* y *Yang* de cada color; el segundo, el color que corresponde a los cinco elementos fuego, tierra, metal, agua y madera; finalmente, los colores para cada área del *Ba-gua*.

COLORES YIN	COLORES YANG
Azul	Amarillo
Índigo	Naranja
Verde	Rojo
Violeta	Blanco
Tonos oscuros	Colores claros
Colores fríos	Colores cálidos

CINCO ELEMENTOS	COLORES	PROPIEDAD
Fuego	Rojo	Expansión
Tierra	Amarillo	Receptividad
Metal	Blanco	Concentración
Agua	Azul	Fluidez
Madera	Verde	Crecimiento

ZONAS DEL BA-GUA	COLORES	PROPIEDADES
Fama	Rojo	Expansión
Relaciones	Rosado	Amor universal
Creatividad	Blanco	Purificación
Benefactores	Gris	Protección
Profesión	Azul	Fluidez
Conocimiento	Azul	Concentración
Familia	Verde	Armonía
Prosperidad	Morado	Trasmutación
Salud	Amarillo	Alegría

En radiestesia cuando consultamos el color apropiado para un espacio, los colores armoniosos son los fríos y los colores auspiciosos son los cálidos. Los colores YIN corresponden a una energía receptiva, femenina y pausada, los colores YANG a una energía creativa, masculina y activa.

Teniendo en cuenta los parámetros anteriores si decidimos usar un color verde éste nos está trasmitiendo una energía YIN, las cualidades del elemento madera que nos indica una energía de crecimiento, psicológicamente es tranquilizador y armonizador.

El uso del color puede convertirse en una manera divertida y enriquecedora de comunicarnos con nuestro entorno expresándonos sin limitaciones, si vivenciamos esta experiencia de forma que nuestra energía personal sea la que actúe tendremos espacios llenos de autenticidad y belleza.

LOS COLORES	ARMONIOSO	AUSPICIOSO	TEMPERATURA
Rojo		Sí	Cálido
Naranja		Sí	Cálido
Amarillo		Sí	Cálido
Verde	Sí		Frío
Azul	Sí		Frío
Indigo	Sí		Frío
Violeta	Sí		Frío

Radiestesia y Geobiología

Partiendo del principio Hermético de que todo el universo está en permanente vibración, que la energía es la esencia de la vida, el ser humano como cuerpo energético es un receptor y transmisor de ondas eléctricas, magnéticas y estáticas.

En el estudio del entorno nos encontramos con que los objetos emiten vibraciones y que éstas pueden ser positivas, negativas o neutras sin que la polaridad negativa implique que no sea buena, simplemente, es.

La radiestesia permite que el ser humano detecte las ondas que emiten los cuerpos a través de instrumentos sensibles como el péndulo o las varillas metálicas. Esto se logra por una conexión que da entre el radiestesista y su instrumento, un acuerdo previo se requiere de una sensibilidad especial para dominar este instrumento; además del perfil psicológico particular.

Los grandes radiestesistas son personas que han desarrollado ante todo la comunicación con un ser interno por medio de la meditación, esta práctica viene desde los comienzos de la historia de la humanidad, se dice que el báculo de Moisés era su instrumento radiestésico.

Estos instrumentos permiten resolver dudas sobre casi cualquier tema que se requiera detectar como, por ejemplo, aguas subterráneas, personas desaparecidas, averiguar la fecha de nacimiento de alguien.

Los radiestesistas famosos han desarrollado una serie de cuadrantes que permiten dar exactitud en las respuestas que da el péndulo.

La aplicación en la búsqueda de la armonía del espacio que habitamos está dada por la necesidad que existe de asegurarse que los movimientos o cambios que se hacen con el *Feng Shui* no perjudiquen la energía de la vivienda, se ha comprobado que, con el uso indiscriminado de espejos se duplican las ondas nocivas que vienen de la tierra y las emite el espejo con más fuerza a las personas que allí habitan.

Aquí es donde entra el concepto de Geobiología que estudia las ondas emitidas por la tierra que constituyen enfermedades o geopatías; éstas son, las corrientes de agua, las fallas geológicas, las líneas de HARTMANN y las grietas subterráneas.

Cuando una vivienda está construida sobre estas emisiones de onda, estas fallas son lanzadas hacia arriba permanentemente a distancias de kilómetros, así es que por alto que sea un piso, igual le está afectando.

Geobiología está ligado, como concepto, a la búsqueda de la casa sana o al diseño biótico, que también busca la protección del hogar de otras ondas nocivas como son las electromagnéticas, emitidas por transformadores, cables de baja, media y alta tensión, además del arsenal de aparatos eléctricos que adornan hoy en día nuestros hogares.

El último de estos inventos, el más nocivo, es el microondas, en varios países de Europa no se utiliza porque se conoce su verdadera identidad; emite ondas gamma que afectan los ojos, la piel, el cerebro y todos los órganos internos, se han hecho estudios que comprueban casos de ceguera producidos por éste, además los alimentos pierden todo su poder nutritivo al calentarse o cocinarse allí, ¿realmente vale el esfuerzo del ahorro de tiempo que proporciona contra todos los males que genera?

El televisor tiene también una fuente de alto poder que aún estando apagado sigue lanzando sus ondas nocivas, por ningún motivo lo tengan en sus habitaciones, esto vale también para el computador.

Esto no quiere decir que nos alejemos de nuestra ciudad y huyamos despavoridos a una cueva como ermitaños, ya que para todas estas emisiones existen emisores de onda de forma que amortiguan el golpe o cambian la calidad para que sea recibida adecuadamente por el ser humano.

Ondas nocivas concretas

En Francia en la ciudad de Moulins se hizo un estudio de varias personas que murieron de cáncer, cuyas viviendas estaban localizadas a lo largo de una corriente de agua subterránea; seguramente en nuestras ciudades muchas personas han muerto sin que sepamos la causa.

La geobiología estudia las enfermedades de la tierra llamadas geopatías, como ya mencionamos precedentemente. En el caso de la red electromagnética de Hartmann, ésta es una cuadrícula electromagnética que cubre todo el planeta generando una fuerza contraria a la gravedad que defiende la Tierra de los ataques cósmicos.

Con el uso de instrumentos radiéstesicos se puede detectar la presencia de las geopatías en especial en los dormitorios en los cuales la ubicación de la cama sobre un cruce de líneas de Hartmann puede resultar letal a largo plazo.

Médicos bioenergéticos dan testimonios de casos de epilepsia y desórdenes en el sistema nervioso central, causados por la cercanía de viviendas a transformadores o a antenas transmisoras.

Entidades negativas

A través del péndulo podemos detectar otro tipo de energías como la presencia de etéricos o entidades negativas. Existen también las energías del antecesor que dejan una huella o memoria en las paredes de la construcción, estas siguen emitiendo la energía que ha quedado grabada para lo cual se requiere efectuar limpieza de tipo energético

En algunos casos relaciones de odio, de rencor, de ira entre los habitantes de una vivienda originan energías muy fuertes de tipo negativo que se convierten a su vez en etéricos que terminan dominando las relaciones de ese hogar. Estos etéricos reciben el nombre de *Egregor* y se convierten en una fuerza destructora de las personas que lo originan.

El deterioro de las viviendas comienza a hacerse muy notorio con manchas y grietas en las paredes, grietas en los pisos, desorden, caos, basura generando el efecto «bola de nieve» que solamente con un cambio sincero de los corazones de estos seres puede pararse.

Es importante tener cuidado con el tipo de energías que llevamos a casa. En ciertos sitios se generan también Egregor destructivos como en las discotecas, hospitales, cementerios, juzgados, prostíbulos, casas de citas, donde se presentan situaciones de dolor o se originan bajas pasiones.

Un concierto de rock con droga incluida es el lugar perfecto para adquirir uno de estos seres ya que estos etéricos se aprovechan de las mentes débiles para poseer sus cuerpos.

Para las personas que tienen que permanecer en estos sitios por razones de su trabajo se recomienda efectuar baños de limpieza y protección con sal marina diluida en agua al igual que lavar la ropa diariamente y no llevarla a la habitación.

Ondas de forma

En las construcciones encontramos ciertas formas que agreden a los individuos deteriorando primero su cuerpo energético y debilitando su cuerpo físico. Estas formas son: los filos, las vigas, las puntas, las líneas rectas, las columnas, las cubiertas muy inclinadas, las máscaras, objetos con formas agresivas, alambres de púas, vidrios rotos en los muros de cerramiento, etcétera.

A modo de ilustración voy a relatar dos casos de personas, a quienes he asesorado, en los que las formas agresivas de los objetos influenciaron directamente en la vida de sus dueños:

Caso 1

Esta persona tenía frente a su comedor una estatuilla de una diosa oriental de la destrucción con formas angulosas en sus brazos; por el símbolo que representaba y por su forma causo problemas digestivos puesto que mientras comía ella observaba esta figura constantemente. Por ser una persona de alta sensibilidad relacionó sus problemas de salud con la presencia de esta figura y la retiró de ese lugar. Inmediatamente, el problema desapareció.

Caso 2

Una pareja recibió como regalo de bodas una artesanía indígena que tenia aves con unos picos muy pronunciados, mirando hacia afuera, en todas las direcciones y fue colocada en el centro de la mesa del comedor. Al cabo de los años la pareja se separó y la señora tuvo afecciones en la piel de la cara.

Al entrar a analizar la figura por medio de la radiestesia, se concluyó que había sido la causa de los problemas matrimoniales y de las afecciones en la piel de la señora. Este regalo provino de un familiar muy allegado con el cual la relación era bastante difícil quien, inconscientemente, agredió a la pareja con este regalo.

Esto me lleva a recomendarles que no recurran al noticiero de televisión ni a la actualización sobre la violencia a través de la prensa mientras comen porque no se aprovecha adecuadamente la energía del alimento y el organismo capta estos mensajes produciendo malestar.

Control ambiental

Como parte de la armonía que podemos lograr en nuestro hogar podemos ser muy selectivos con la música que escuchamos y tener cuidado de no ser los causantes de la polución del aire que respiramos utilizando carros sin sincronizar o fumando.

El uso del péndulo

El péndulo es un instrumento que nos comunica con la sabiduría de nuestro maestro interno para darnos respuestas en que no estén involucrados nuestra mente racional ni nuestros gustos preestablecidos. Ante todo, el uso del péndulo requiere de una actitud de respeto y mística; recomendamos hacer un ritual al comenzar a utilizarlo, darle un nombre, buscarle un lugar especial para guardarlo y dirigirse con todo respeto a nuestro Maestro Interno diciéndole: *«honro a mi Maestro Interno y le pido que sea él quien conteste lo que voy a preguntar»*.

El primer paso para trabajar con el péndulo consiste en hacer un acuerdo previo con el instrumento en el que se le pregunta cual es el movimiento para indicar el SI, cual es el movimiento para indicar el NO y cual el movimiento que indica el NEUTRO. Para esto, se toma el péndulo en la mano dejándolo descolgar de 12 a 15 centímetros y se deja oscilar libremente.

Las preguntas que se le hacen al péndulo deben ser muy concretas, no incluir el SI o el NO en su texto ni tampoco pueden ser motivo de juego ni hacer preguntas sin sentido o con respuestas obvias.

Sensor II

El SENSOR así llamado por ser altamente sensitivo a la energía biocósmica proveniente del sistema solar, es un descubrimiento del doctor Patrick Flanagan, físico matemático nuclear, nacido en 1944 en oklahoma estados Unidos. Sus trabajos con pirámides, conos y otras figuras geométricas, así como su investigación en la energía sexual y campos de energía de la vida le han dado un reconocimiento mundial.

El diseño diamantado del SENSOR forma exactamente una estructura o antena paramagnética resonante a los campos de energía de vida. la talla de diamante en rotación forma igualmente un vórtice resonante. La idea original para el diseño vino del sistema tibetano de Yoga conocido como Yantra. En sánscrito la palabra Yantra significa «Diagrama geométrico de poder».

El SENSOR esta basado en la forma de una pirámide evolucionada. El desarrollo de pirámide a SENSOR puede ser trazado de la siguiente manera: la forma mas simple de una pirámide es la de cuatro lados o tetraedro; si seguimos agregando lados esta se vuelve mas y mas circular hasta convertirse en cono. La proyección bidimensional del cono corresponde al SENSOR.

Investigaciones realizadas desde 1981 por el doctor Phillip Callahan, famoso entomológo de la Universidad de Florida, lo llevaron a descubrir que existe una frecuencia dentro de la banda de la octava 17, que el denomino BANDA X. Es en esta frecuencia que el doctor Callahan ha descubierto el SECRETO DE LA VIDA. Pues todos los seres vivientes utilizan la energia en forma de señales coherentes semejantes al laser como código de conección fundamental del proceso de vida. El sistema energético humano, como es lógico, tambien usa este código.

El doctor Callahan designo este rango como la banda fundamental de vida. Cuando es cantada la palabra OM, el aliento humano emite íneas laser que contactan con esta banda. Al experimentar con el SENSOR, encontraron que produce esta misma emisión de energías.

Colocar un SENSOR en tu habitación equivale a introducirla en una piramide; puede ser usado en cualquier posición sin necesidad de alineamiento con los campos de la tierra.

Los usos y beneficios del SENSOR son infinitos: a continuación algunos de ellos:

- El colocar un SENSOR (50 x 62 cm.) en una habitación. Equivale a introducirla dentro de una pirámide. cambia completamente el campo energético, hay equilibrio, armonía, limpieza bacterial y física. Se percibe el incremento de la energía personal, pues regula el funcionamiento de circulación, tensión y respiración. Incrementa su vitalidad, mejora su estado de ánimo y está más despierto mentalmente.

51

Características del practicante del Feng Shui

Si va a practicar el **Feng Shui** es recomendable que, ante todo, piense en prestar un servicio a los demás, que sea esto la prioridad.

El objetivo de una asesoría es que cada persona maneje la técnica para que pueda luego hacer sus propios *Ba-guas* guiada por su ser interno.

Este conocimiento puede adaptarse a las diferentes etapas en la vida de una persona o familia. De este modo, hoy activamos relaciones, y en un par de meses, activaremos benefactores, y viajes, para emprender uno de descanso con la familia.

Debe convertirse en parte mía, influirme y que yo lo influya en un proceso de enriquecimiento y de cambios como la vida misma.

Es deseable que se practique la meditación en alguna de sus formas, llevar una vida ética, una dieta adecuada y, ante todo, tener como objetivo el servicio a los demás.

Es una maravillosa oportunidad para llevar un mensaje de tipo espiritual, para motivar a otros en la búsqueda de Dios y si ya lo encontraron que le dediquen tiempo.

Una disciplina complementaria es la radiestesia para tener un conocimiento de las geopatías y de las energías nocivas que se encuentran en el ambiente; éstas se pueden detectar con el uso del péndulo, medir con aparatos especializados y solucionar con métodos que este estudio propone.

Método trascendental

LIMPIEZA CON EL TRAZADO DE LAS NUEVE ESTRELLAS

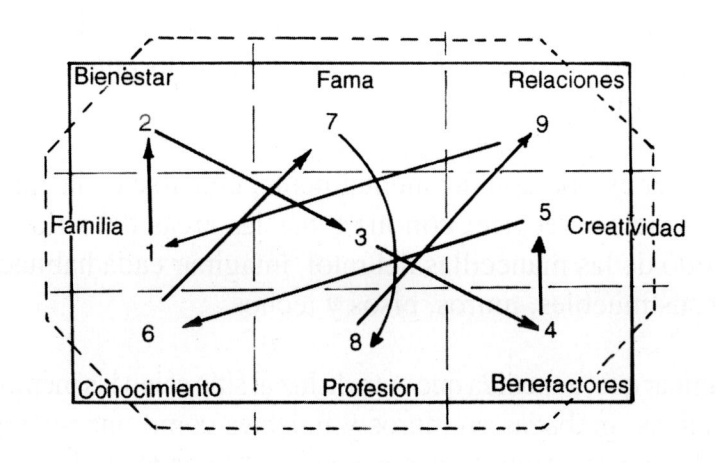

La técnica trascendental del *Feng Shui* busca lograr la integración del espíritu con el lugar, despertar facultades que están latentes, lograr una conexión con el lugar sagrado que es la casa que más ladrillos, es un templo.

El *Feng Shui* no se hizo para obtener dinero, ni poder. Cuando no hay amor no hay Feng Shui pues es espiritual, si no hay armonía en nuestro corazón no la hay en el hogar. *Feng Shui* es traer los principios de belleza a la casa por medio de plantas, luz, sonido y agua. Es un diálogo contínuo entre armonía interna y la armonía del espacio que nos rodea.

El doctor JUAN MANUEL ÁLVAREZ recomienda el trazado de las nueve estrellas para limpiar y armonizar el hogar con bendiciones.

Primero se debe recitar el mantra del corazón nueve veces:
Caté Caté - Poro Caté - Poro Som Caté - Bodé Sojá

Visualizar el cuerpo irradiando luz. Moverse por toda la casa en el orden del gráfico, proyectar la luz hacia paredes, muebles, techo y piso. Personalmente he cantando este mantra cuyo poder y vibración se sienten muy fuerte.

MEDITACIÓN CON LOS TRES SECRETOS

Instrucciones completas

Estas instrucciones pueden seguirse también con la técnica del trazado de las nueve estrellas, sin embargo, aquí damos diez pasos a seguir:

1. Crear un ambiente propicio con música de fondo muy suave especial para meditar, vela blanca o del color que elija, ofrezca un incienso de su predilección, asegúrese de no ser interrumpido durante media hora, tome una posición cómoda, con la espalda recta y cierre los ojos.

2. *Respiración*: Tome aire lenta y profundamente, imagine que el aire que entra el cuerpo le trae armonía, paz y tranquilidad y que a medida que exhala sale de usted la preocupación,

la desarmonía, la angustia. Luego tome aire contando mentalmente ocho, reténgalo contando cuatro, exhale contando ocho y cuente hasta cuatro sin aire en los pulmones. Repita tres veces.

3. *Relajación*: Se puede escoger una luz según la necesidad, así:

Luz blanca. Para elevar el espíritu, para purificar.

Luz verde. Para sanación a todo nivel.

Luz rosa. De amor universal, para llenarse de amor y llenar el espacio de amor y armonía.

Luz violeta. Trasmutadora, para cambiar lo negativo en positivo, los errores pasados y presentes se disuelven, actúa como protector.

Luz dorada. Fuego solar del alma. Voluntad de Dios.

Luz azul. Fuego eléctrico del Espíritu puro. Sabiduría divina.

Nota: Recomendamos usar luz blanca, luego luz rosada y terminar con luz violeta recorriendo todo el lugar.

Pedir al maestro que nos dé ese rayo y que nos permita utilizarlo. Introducir el rayo de luz seleccionado por los dedos de los pies y hacer un recorrido muy lento por el cuerpo con este rayo con el propósito de relajar todo el cuerpo con esta luz, nos imaginamos cómo nuestro cuerpo se convierte en luz. A medida que se recorre el cuerpo con luz se intercalan inhalaciones profundas que contribuyen a la relajación.

Cuando esté todo el cuerpo relajado nos repetidos mentalmente:

«Yo soy luz, yo merezco la prosperidad y la abundancia, yo merezco gozar de una buena salud».

«Yo soy hijo del padre, fui creado a imagen divina, moro en los velos del tiempo, soy hijo del altísimo, soy su legítimo heredero».

Con la luz violeta podemos envolver la persona o situación que nos cause dolor en ese momento y pedirle perdón por el daño causado y desde el fondo del corazón perdonarlo para que en paz y armonía con el universo sigamos creciendo en el camino hacia Dios.

Con los otros rayos también podemos envolver nuestro hogar, nuestra familia y abrir el campo visual al sector de la ciudad, a la ciudad, al país, al continente hasta llegar al planeta. En ese momento podemos repetir la GRAN INVOCACIÓN.

4. Quedarse en silencio percibiendo la luz y la sensación de unidad con el cosmos, que proporciona esta práctica con la luz. El tiempo que cada uno crea adecuado entre cinco y quince minutos.

5. Recorrer el sitio con luz mentalmente, ubicarse en la entrada del espacio y recorrer con luz todas las áreas del sitio en el sentido de las manecillas del reloj, imaginar cada habitación con sus muebles, muros, pisos y techos.

Imaginar que, a medida que entra la luz al sitio salen las memorias negativas grabadas en muros y muebles como una nube gris por la puerta. Aquí se puede seguir el trazado de las nueve estrellas o recorrerlo en círculo hasta llegar nuevamente a la entrada.

6. Pedir en cada parte del *BA-GUA* por las necesidades del grupo familiar.

7. Hacer los mantras y los mudras de la técnica de los tres secretos, repetir tres veces cada mantra en cada posición del cuerpo.

8. Visualizar lo pedido y dar gracias a nuestro Padre amado por habernos dado la oportunidad de tener estos momentos de paz, por guiarnos y y protegernos en todos los procesos de nuestra vida, por habernos permitido realizar esta meditación.

Activación con los Tres Secretos

Todas las curas deben ser reforzadas con los tres secretos en los que se reúnen los Mudras, los Mantras y la Visualización. Mudra es un gesto o movimiento que se realiza con el cuerpo y que tiene una intención y un significado predeterminado. Mantra es una verbalización como el OM que casi todos hemos oído nombrar. Son palabras con mucho poder. Deben pronunciarse con lentitud y sintiendo la vibración de la palabra. Los mantras actúan como purificadores y armonizadores del ambiente. Se recomienda hacer treinta minutos de meditación antes de comenzar con los tres secretos y visualización. Cada una de las posiciones o mudras se hace una vez y los mantras se repiten tres veces, es decir, por cada posición, tenemos tres mantras.

El cuerpo: Mudras

De petición

Coloque las dos manos juntas en posición de oración a la altura del tercer ojo o sea en el entrecejo. Entonar tres veces y lentamente *Om Ma Ni Pad Me Hum.*

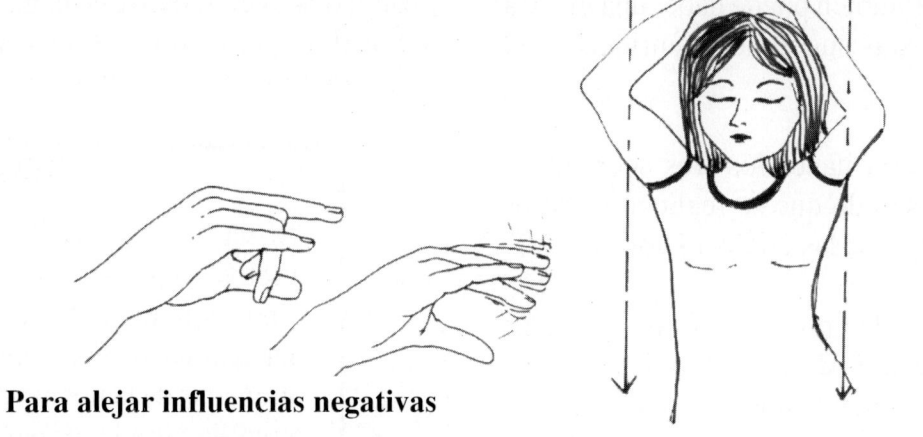

Para dar gracias y recibir

Colocar la mano izquierda sobre la derecha y unir los dos dedos pulgares. En esta posición con las palmas hacia arriba, colocarlas a la altura del plexo solar. Entonar tres veces el mantra.

Para alejar influencias negativas

Para alejar lo que se oponga a nuestra petición, tomamos los dos dedos del medio de la mano con el pulgar y estiramos los brazos por el lado de la cabeza haciendo un movimiento hacia arriba y hacia abajo. Simultáneamente estiramos y encogemos los dedos de las manos en movimientos alternativos. Repetir tres veces el mantra.

La palabra Mantra: *OM MANI PAD ME HUM*

Debe salirnos del alma, muy lentamente y con los ojos cerrados. Sintamos como nos comunicamos con nuestro Padre al mantralizar. Para los que no lo han vivido será una experiencia muy hermosa ver cómo el cuerpo vibra con los mantras y se eleva sintiendo una gran paz interior.

Cuando se vayan a activar los tres secretos, prepare el ambiente de tal manera que se preste para el ritual.

Podemos ofrendar a los benefactores unas hermosas flores y asegurarnos de que no nos interrumpan y que nuestro ser esté relajado. Dejando las preocupaciones afuera.

Antes de comenzar respiremos en forma pausada y profunda unos minutos y hacemos la meditación. También puede haber una música de fondo especial para meditar. Estas sugerencias enriquecen el ritual.

De no ser posible algo de esto, con hacer los tres secretos es suficiente. Lo importante es el deseo de que se realicen nuestros objetivos y el amor con que le pidamos las cosas a Dios.

Para comenzar cada petición se pueden pronunciar las siguientes palabras: *"Amado maestro... o Amados Maestros... o Señor mío o Dios mío"* como cada uno quiera llamar a su Dios.

Es conveniente pedir permiso al espíritu rector del sitio para realizar la limpieza y el ritual.

Visualización

En cada casa del *BA-GUA* ya se debe tener una petición escrita (el qué quiero y el porqué de cada uno) además, al finalizar el mantra y la petición, nos visualizamos con los ojos cerrados logrando lo que pedimos, nos visualizamos recibiendo el dinero que pedimos e invirtiéndolo en lo que proyectamos o triunfando profesionalmente, dictando cursos en el exterior, dictando conferencias, etcétera.

Es importante que no limitemos nuestras peticiones; si pedimos pequeño, obtendremos pequeño siendo como somos hijos del Padre, quien es el Todopoderoso, somos los herederos del reino y todo estará a nuestro alcance; si creemos que así será y movemos nuestros esfuerzos en esa dirección.

Esta técnica es una ayuda externa pero lo que más impulsará sus resultados es el trabajo que hagamos internamente para ser mejores cada día, para crecer interiormente como espíritu y lo que adelantemos a nivel profesional dará frutos en su momento.

IMPORTANTE

Si va a compartir con otras personas estos secretos, asegúrese de recibir alguna restitución de tipo económico. Es tradición del *Feng Shui* entregar a quien da los secretos un sobre rojo con nueve monedas de la misma denominación junto con una nota de agradecimiento. También puede trabajar con 9 ó 27 sobres y un número de monedas múltiplo de 9.

Instrucciones para la meditación diaria

*E*stas instrucciones fueron dadas por el amado Maestro para el beneficio de quienes las quieran seguir. La meditación es un proceso por medio del cual retiramos nuestra atención del mundo exterior y la concentramos en el asiento del alma. Por medio de este método de concentración podemos trascender nuestra conciencia física, nos experimentamos a nosotros mismos como almas y exploramos las más elevadas regiones espirituales.

Para practicar la meditación nos sentamos en la posición más confortable que encontremos, en la cual podamos permanecer por largo tiempo sin movernos y a suficiente distancia entre nosotros, sin que ninguna parte de nuestro cuerpo toque a nadie, para no perturbar la concentración. Debemos cerrar nuestros ojos suavemente y mirar derecho al frente, enfocando nuestra atención en el centro de la oscuridad que está frente a nosotros. No son nuestros ojos físicos los que ven la oscuridad sino el tercer ojo u ojo único localizado entre y detrás de las cejas.

Continuen mirando y fija y sostenidamente en el centro de cualquier cosa que esté frente a ustedes. Por favor repitan cualquier nombre de Dios con el cual estén satisfechos. Repitan el nombre mentalmente con la lengua del pensamiento, lentamente, mientras miran fija y sostenidamente al frente de ustedes. Esta repetición mantendrá la menta ocupada impidiéndole vagar.

Cuando aparezca luz o vistas internas, continúe enfocando su atención en el centro de aquello que usted vea y siga repitiendo los nombres de Dios.

(Tomado del boletín N° 16 del CENTRO RAJINDER, agosto de 1992)

LA GRAN INVOCACIÓN

Desde el punto de luz en la mente de Dios
que fluya luz a las mentes de los hombres;
que la luz descienda a la tierra.

Desde el punto de amor en el corazón de Dios,
que fluya amor a los corazones de los hombres;
que Cristo retorne a la tierra.

Desde el centro donde la voluntad de Dios es conocida,
que el propósito guíe a las pequeñas voluntades de los hombres.
El propósito que los maestros conocen y sirven.

Desde el centro que llamamos la raza de los hombres,
que se realice el Plan de amor y de luz.
Y selle la puerta donde se halle el mal.

Que la luz, el amor y el poder restablezcan el Plan en la tierra.

Algunas palabras sobre el Sendero de los Maestros

Muchas personas me preguntan quien es el Maestro a quien he dedicado este manual. El movimiento que lidera SANT RAJINDER SINGH JI MAHARAJ tiene 1.200 Centros en el mundo, entre sus seguidores se cuentan europeos, asiáticos, americanos y todos por igual sentimos su gran irradiación como bálsamo de su amor en nuestros corazones.

En mi caso particular, la experiencia de seguirlo ha cambiado por completo mi vida; se trata de un movimiento llamado Ciencia de la Espiritualidad en el que los maestros entregan al discípulo en el momento de la iniciación una experiencia directa de la divinidad que hay en cada uno de nosotros y que se expresa internamente a través de luz y sonido que son los principios creadores de Dios.

GURÚ NANAK, el primer Maestro de este sendero, investigó todas las religiones existentes y comprobó que los rituales que todas contienen distraen los sentidos quitándole profundidad y desviando la verdadera comunicación con Dios. El estableció que el camino más corto para contactar a Dios es meditando a partir del tercer ojo u ojo único y que las otras opciones implican regresar a nuevas encarnaciones para llegar a la perfección.

Es difícil explicar con palabras lo que se siente internamente cuando se avanza en el ejercicio de la meditación el alma encuentra su verdadera identidad, es la plenitud y la bienaventuranza, es la sensación de eternidad, que los santos y místicos de la historia han expresado como el éxtasis total.

Como no amar a un Maestro Perfecto que nos da la oportunidad de encontrar el camino de regreso a nuestro verdadero hogar.

un maestro viviente es alguien quien se ha fundido con la divinidad y que nos indica el sendero para que, siguiendo sus huellas, podamos nosotros fundirnos en ella.

Algunas personas se preguntaran que tiene que ver esto con el *Feng Shui*, en mi caso, es el camino que me ha llevado a trabajar por obtener la paz interior ya que logrando la armonía del ser interno podemos lograr la armonía de nuestro entorno. De hecho, no he logrado el equilibrio total pero mi ser cada vez se siente más universal, más pleno y amoroso, más alejado de lo material, de los apegos, del deseo de poder, que tanto dolor causan en el mundo.

Es inexplicable el sentimiento de melancolía de tener lágrimas enredadas en las pestañas a punto de caer con el recuerdo del Amado; no se trata de lágrimas de tristeza sino de añoranza porque queremos estar siempre en su divina presencia.

El sendero de los maestros ofrece a los iniciados la guía interna del maestro en los cinco planos a través de ellos nos ofrece experiencias de luz como planetas, estrellas, soles de gran luminosidad y de sonido como gaitas, violines, campanas, aves.

La importancia de tener una guía interna está en que las personas sin esa guía, al entrar en meditación, se desvían por el plano astral y divagan sin lograr verdadero avance. El Maestro asume gran parte de nuestros karmas y nos da la oportunidad de romper el ciclo de reencarnaciones y muertes para no regresar más a este plano y llega en el momento de la muerte para guiarnos al océano de toda conciencia donde nuestra alma se reúne con su creador.

Ba-Gua: Asociación entre Trigramas y Símbolos

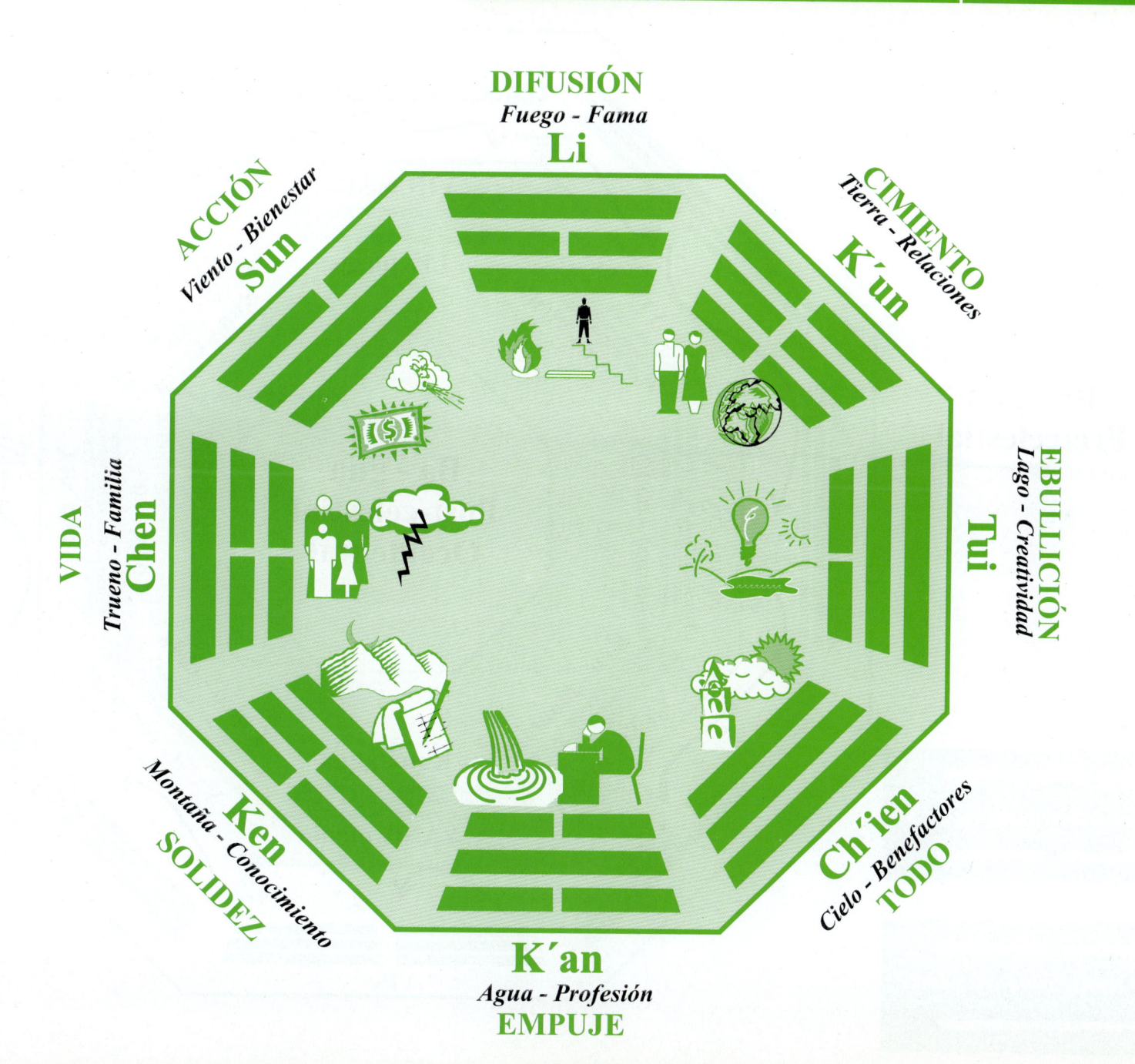

DIFUSIÓN
Fuego - Fama
Li

ACCIÓN
Viento - Bienestar
Sun

CIMIENTO
Tierra - Relaciones
K'un

VIDA
Trueno - Familia
Chen

EBULLICIÓN
Lago - Creatividad
Tui

Ken
Montaña - Conocimiento
SOLIDEZ

Ch'ien
Cielo - Benefactores
TODO

K'an
Agua - Profesión
EMPUJE

61

Ba-Gua Post-Celestial y Pre-Celestial

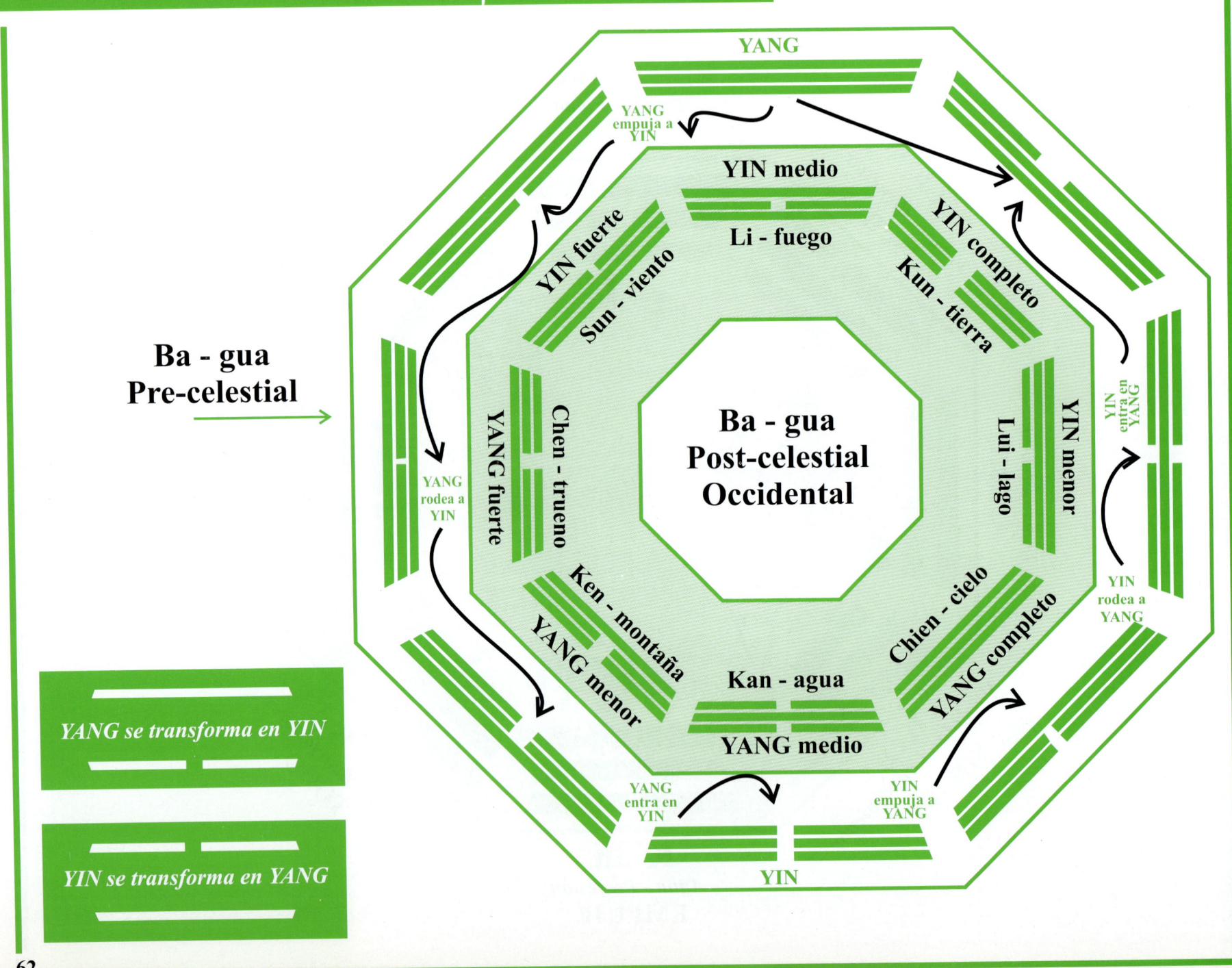

Ba - gua Pre-celestial →

Ba - gua Post-celestial Occidental

YANG

YANG empuja a YIN

YIN medio
Li - fuego

YIN fuerte
Sun - viento

YIN completo
Kun - tierra

YIN entra en YANG

YANG rodea a YIN

YANG fuerte
Chen - trueno

YIN menor
Lui - lago

YIN rodea a YANG

YANG menor
Ken - montaña

Kan - agua

Chien - cielo
YANG completo

YANG entra en YIN

YANG medio

YIN empuja a YANG

YIN

YANG se transforma en YIN

YIN se transforma en YANG

Análisis de los Trigramas

Pares de opuestos en Ba-Gua Precelestial

Opuestos Universales
Cielo — **Tierra**

Opuestos Orgánicos
Fuego — **Agua**

Opuestos naturales o elementales
Montaña — **Lago**

Opuestos impulsivos
Viento — **Trueno**

Estructura formal Vs. cualidad energética

	Forma:	Cualidad:
Cielo	Tres líneas continuas	• MASCULINO • Fuerza creativa. • Espíritu esencial a través del cual, todo lo demás se manifiesta.
Tierra	Tres líneas discontinuas	• FEMENINO • Fuerza receptiva. • Abierta para recibir las bendiciones del cielo.
Fuego	Líneas continuas arriba y abajo Una Linea discontinua en el centro	• Imagen de la llama
Agua	Líneas discontinuas arriba y abajo Una Linea continua en el centro	• Parece ser transparente y abierta. • Tiene masa en el centro, como formado por corrientes de agua.
Montaña	Una Linea continua arriba 2 Líneas discontinuas	• Imagen de un espacio formado al interior de un recipiente como una cueva en la montaña.
Lago	Una Linea discontinua arriba 2 Líneas continuas en la báse	• Lleva la fuerza en su interior.
Trueno	2 Líneas discontinuas Una Linea continua en la báse	• Base sólida. • Al ascender se dispersa inofensivamente.
Viento	2 Líneas continuas Una Linea discontinua en la báse	• No tiene base, pero lleva fuerza por encima del suelo.

Fu Hsi observó que hay imágenes del mundo vibratorio que tienen relación con los elementos de la naturaleza

Feng Shui para negocios

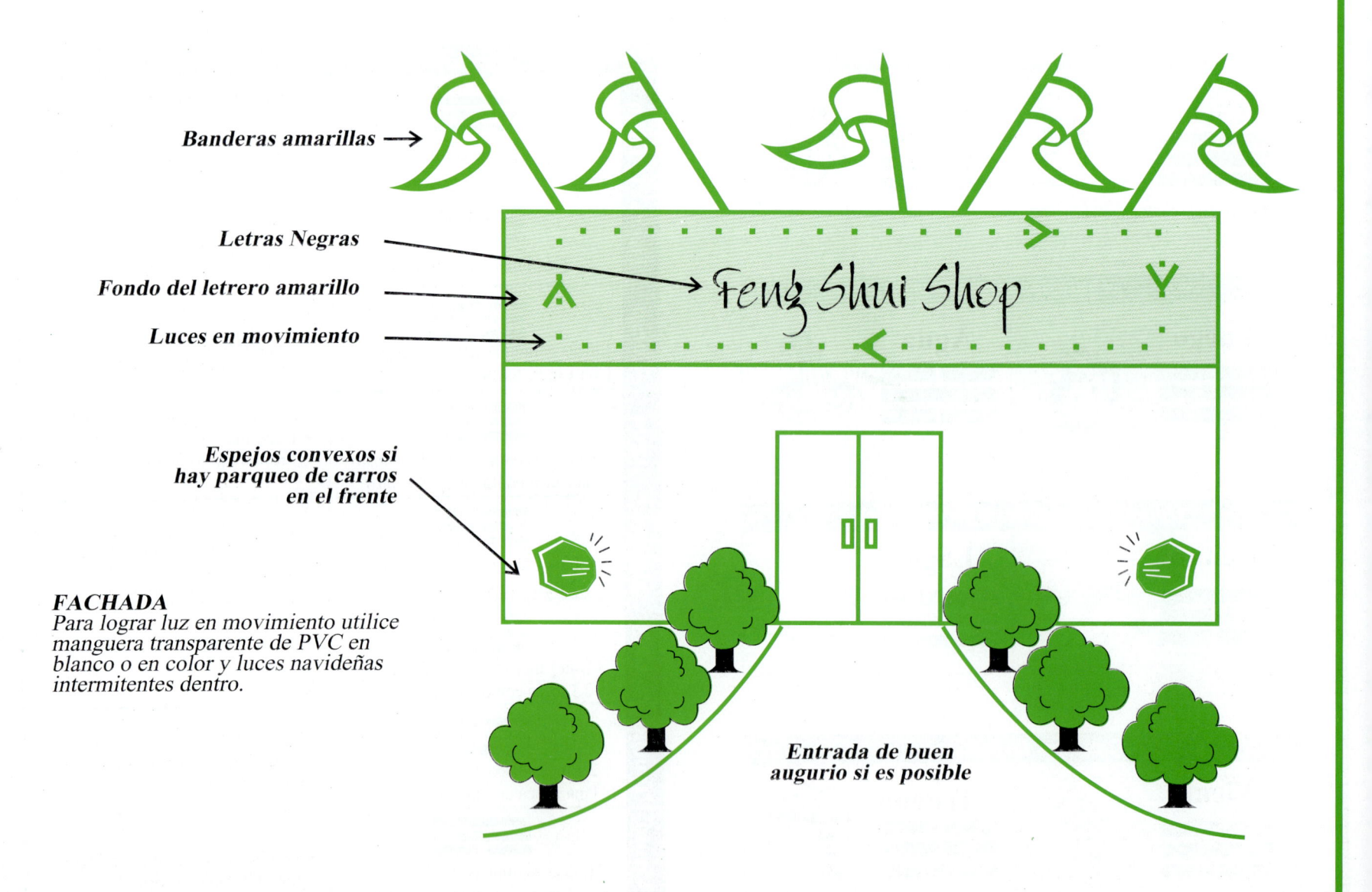

Banderas amarillas

Letras Negras

Fondo del letrero amarillo

Luces en movimiento

Feng Shui Shop

Espejos convexos si hay parqueo de carros en el frente

FACHADA
Para lograr luz en movimiento utilice manguera transparente de PVC en blanco o en color y luces navideñas intermitentes dentro.

Entrada de buen augurio si es posible

Opciones de Activadores a su alcance

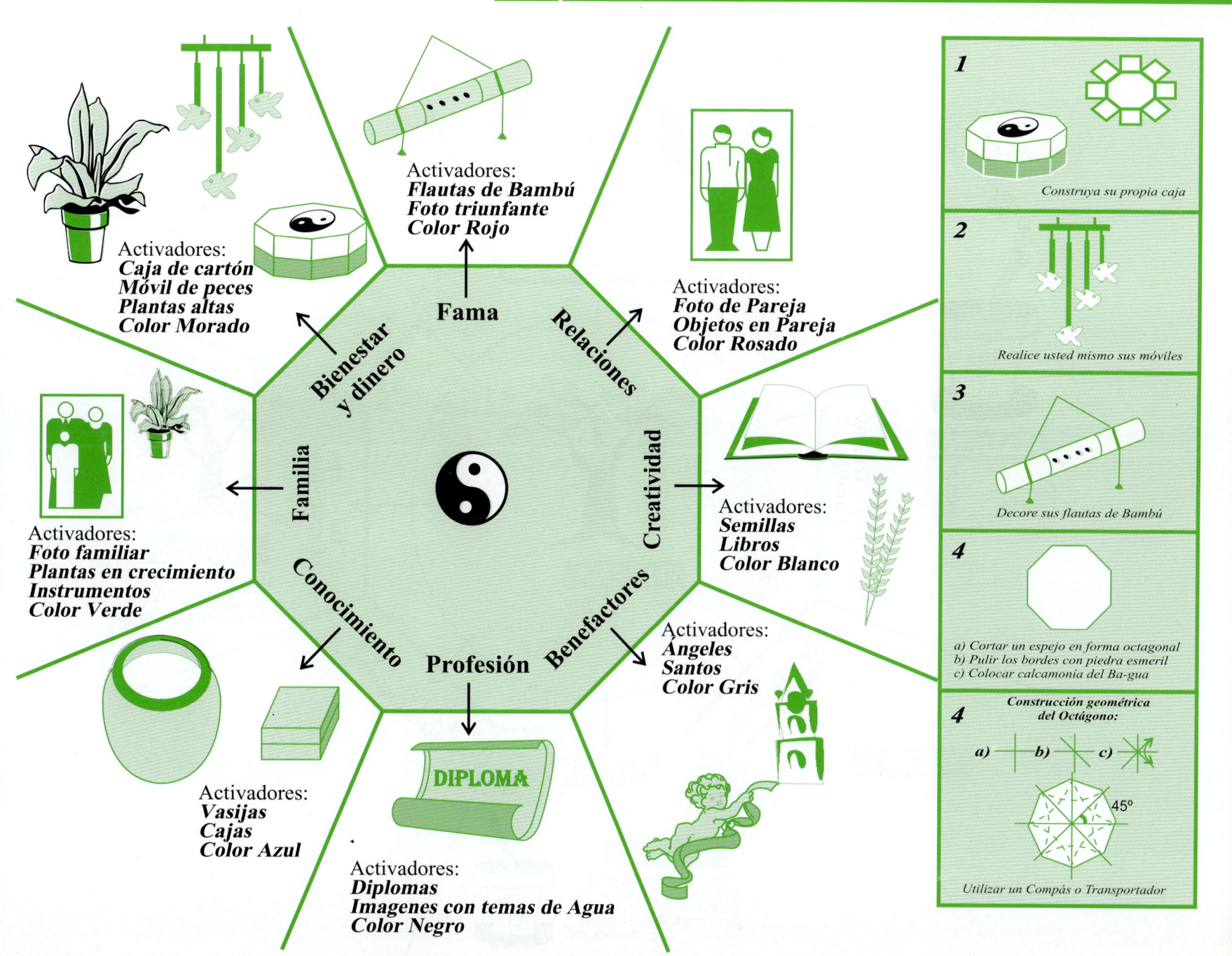

Fama
Activadores:
Flautas de Bambú
Foto triunfante
Color Rojo

Bienestar y dinero
Activadores:
Caja de cartón
Móvil de peces
Plantas altas
Color Morado

Relaciones
Activadores:
Foto de Pareja
Objetos en Pareja
Color Rosado

Familia
Activadores:
Foto familiar
Plantas en crecimiento
Instrumentos
Color Verde

Creatividad
Activadores:
Semillas
Libros
Color Blanco

Conocimiento
Activadores:
Vasijas
Cajas
Color Azul

Profesión
Activadores:
Diplomas
Imagenes con temas de Agua
Color Negro

Benefactores
Activadores:
Angeles
Santos
Color Gris

---

1 *Construya su propia caja*

2 *Realice usted mismo sus móviles*

3 *Decore sus flautas de Bambú*

4
a) Cortar un espejo en forma octagonal
b) Pulir los bordes con piedra esmeril
c) Colocar calcamonía del Ba-gua

4 *Construcción geométrica del Octágono:*
a) b) c)
45°
Utilizar un Compás o Transportador

65

Equilibrio entre los Cinco Elementos

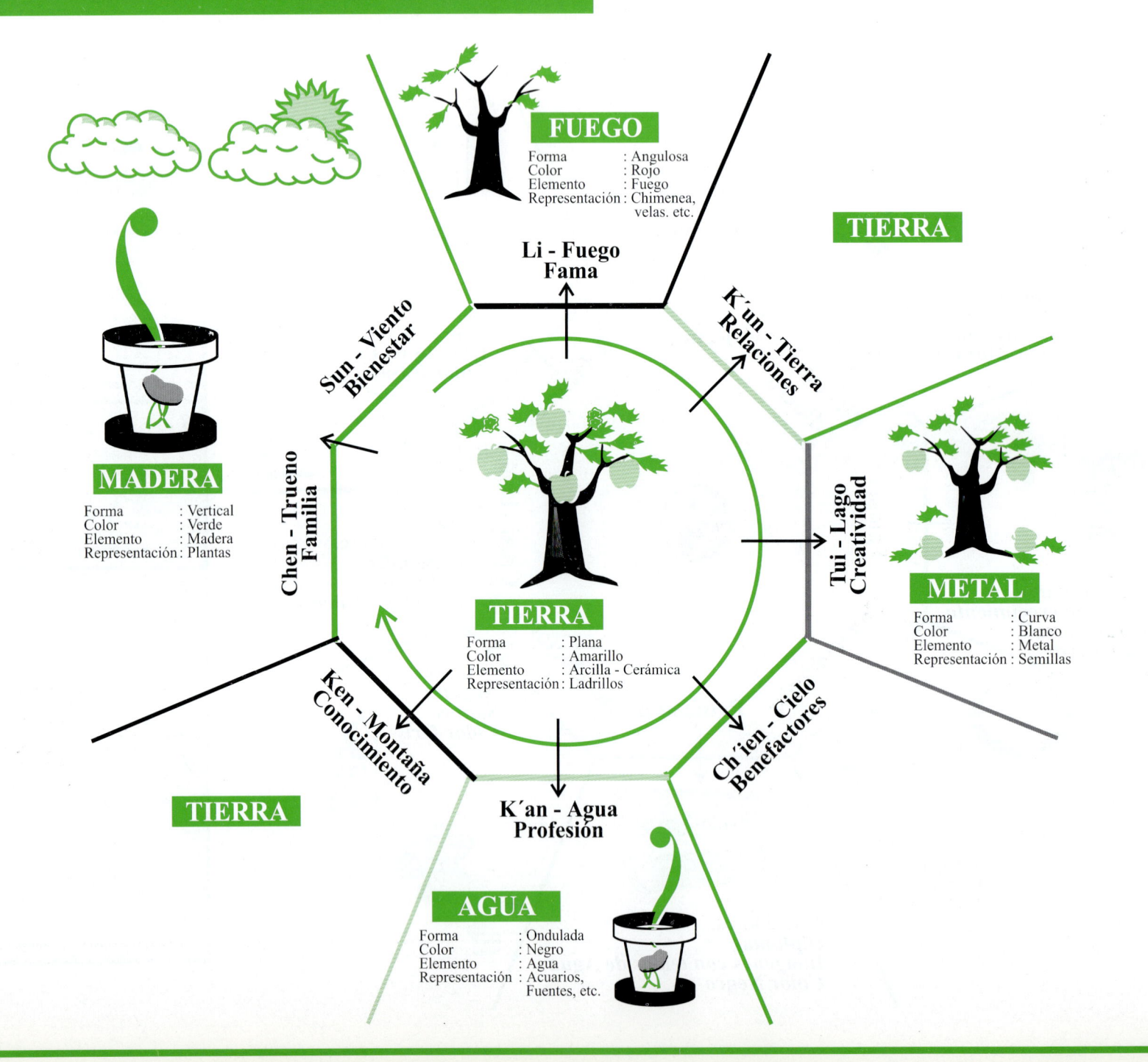

FUEGO
- Forma : Angulosa
- Color : Rojo
- Elemento : Fuego
- Representación : Chimenea, velas, etc.

TIERRA

MADERA
- Forma : Vertical
- Color : Verde
- Elemento : Madera
- Representación : Plantas

METAL
- Forma : Curva
- Color : Blanco
- Elemento : Metal
- Representación : Semillas

TIERRA
- Forma : Plana
- Color : Amarillo
- Elemento : Arcilla - Cerámica
- Representación : Ladrillos

TIERRA

AGUA
- Forma : Ondulada
- Color : Negro
- Elemento : Agua
- Representación : Acuarios, Fuentes, etc.

Li - Fuego — Fama
K'un - Tierra — Relaciones
Sun - Viento — Bienestar
Chen - Trueno — Familia
Tui - Lago — Creatividad
Ken - Montaña — Conocimiento
K'an - Agua — Profesión
Ch'ien - Cielo — Benefactores

Ciclos reguladores de los Elementos

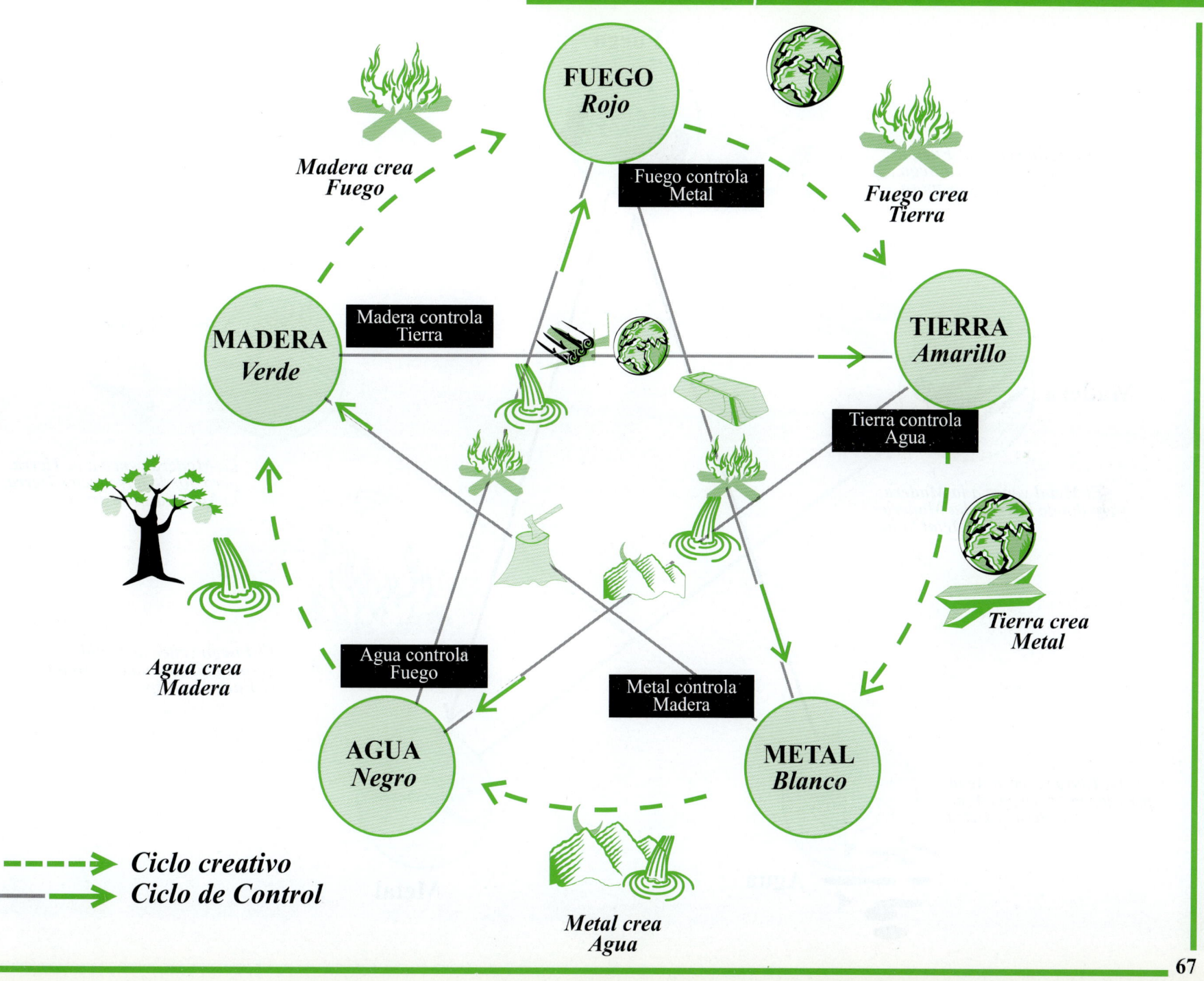

FUEGO *Rojo*

MADERA *Verde*

TIERRA *Amarillo*

AGUA *Negro*

METAL *Blanco*

Madera crea Fuego
Fuego crea Tierra
Tierra crea Metal
Metal crea Agua
Agua crea Madera

Madera controla Tierra
Fuego controla Metal
Tierra controla Agua
Metal controla Madera
Agua controla Fuego

- - - ▶ *Ciclo creativo*
——▶ *Ciclo de Control*

Principios para el control de excesos en los Elementos

VENCE

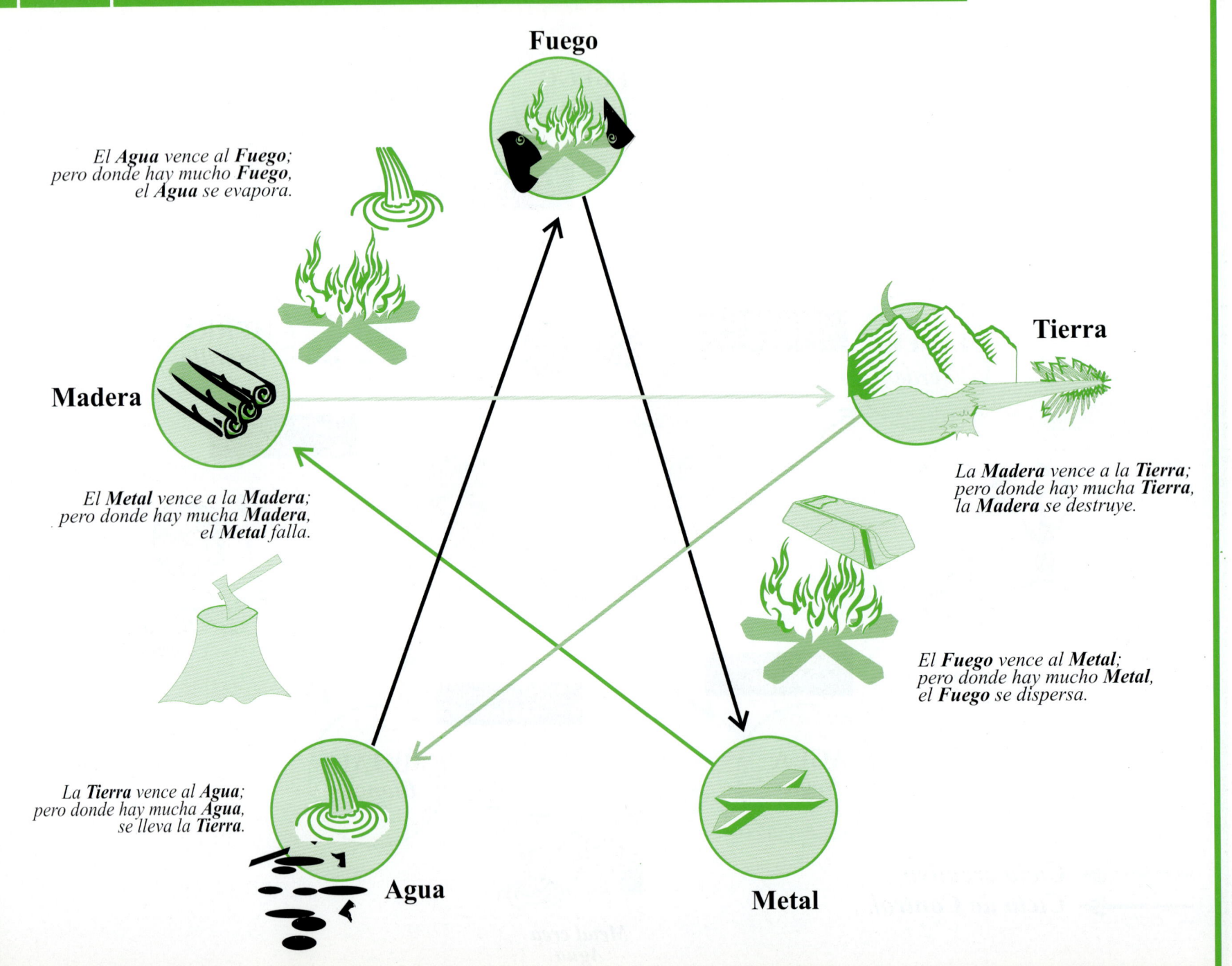

Fuego

Madera

Tierra

Agua

Metal

El Agua vence al Fuego; pero donde hay mucho Fuego, el Agua se evapora.

El Metal vence a la Madera; pero donde hay mucha Madera, el Metal falla.

La Tierra vence al Agua; pero donde hay mucha Agua, se lleva la Tierra.

La Madera vence a la Tierra; pero donde hay mucha Tierra, la Madera se destruye.

El Fuego vence al Metal; pero donde hay mucho Metal, el Fuego se dispersa.

CONFIA

Principios para el control de excesos en los Elementos

Fuego

Tierra

Metal

Agua

Madera

El Fuego confía en la Madera para nacer; pero donde hay mucha Madera, el Fuego se inflama.

La Tierra confía en el Fuego para nacer; pero donde hay mucho Fuego, la Tierra se abrasa.

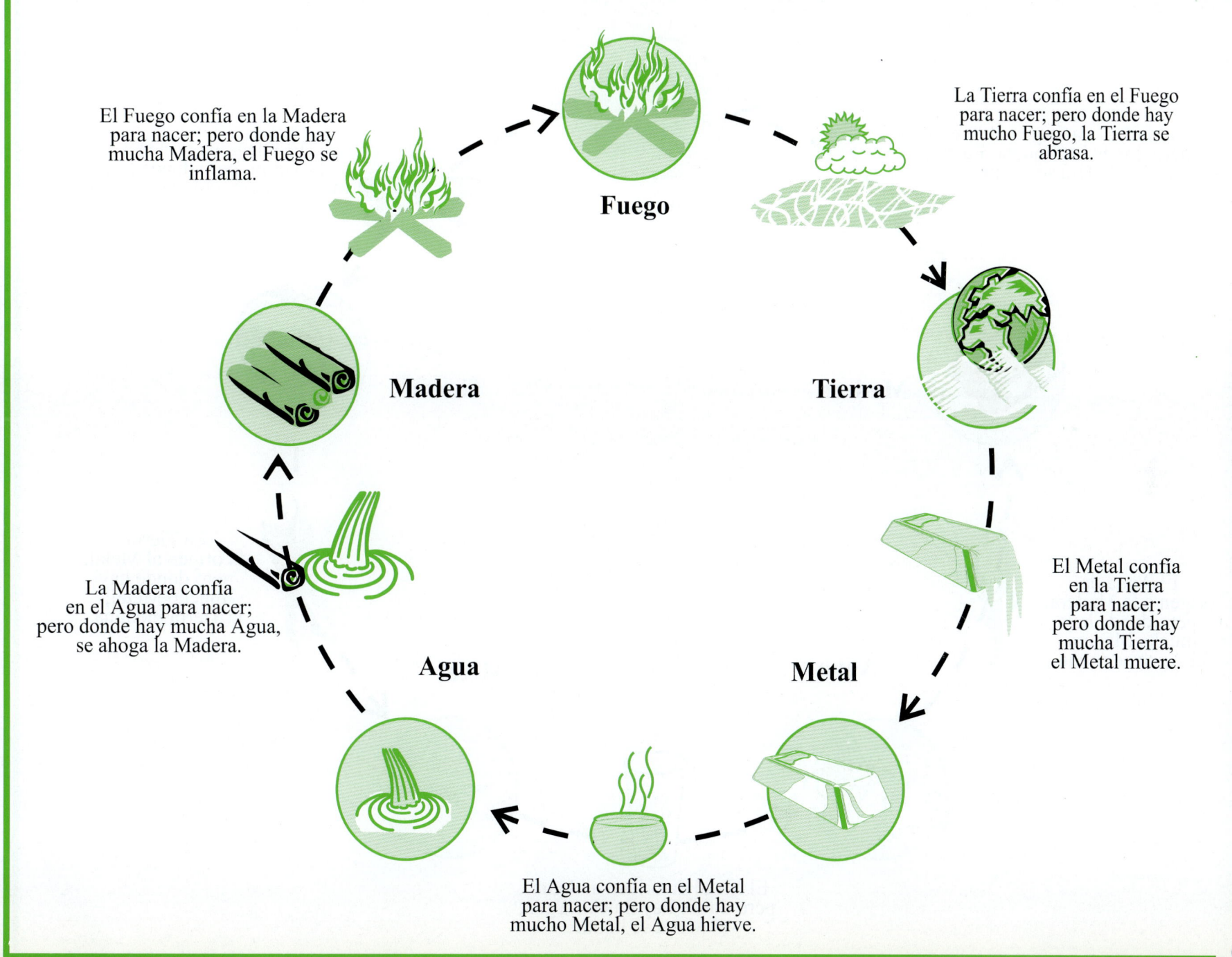

El Metal confía en la Tierra para nacer; pero donde hay mucha Tierra, el Metal muere.

El Agua confía en el Metal para nacer; pero donde hay mucho Metal, el Agua hierve.

La Madera confía en el Agua para nacer; pero donde hay mucha Agua, se ahoga la Madera.

69

Principios para el control de excesos en los Elementos

DA ORIGEN

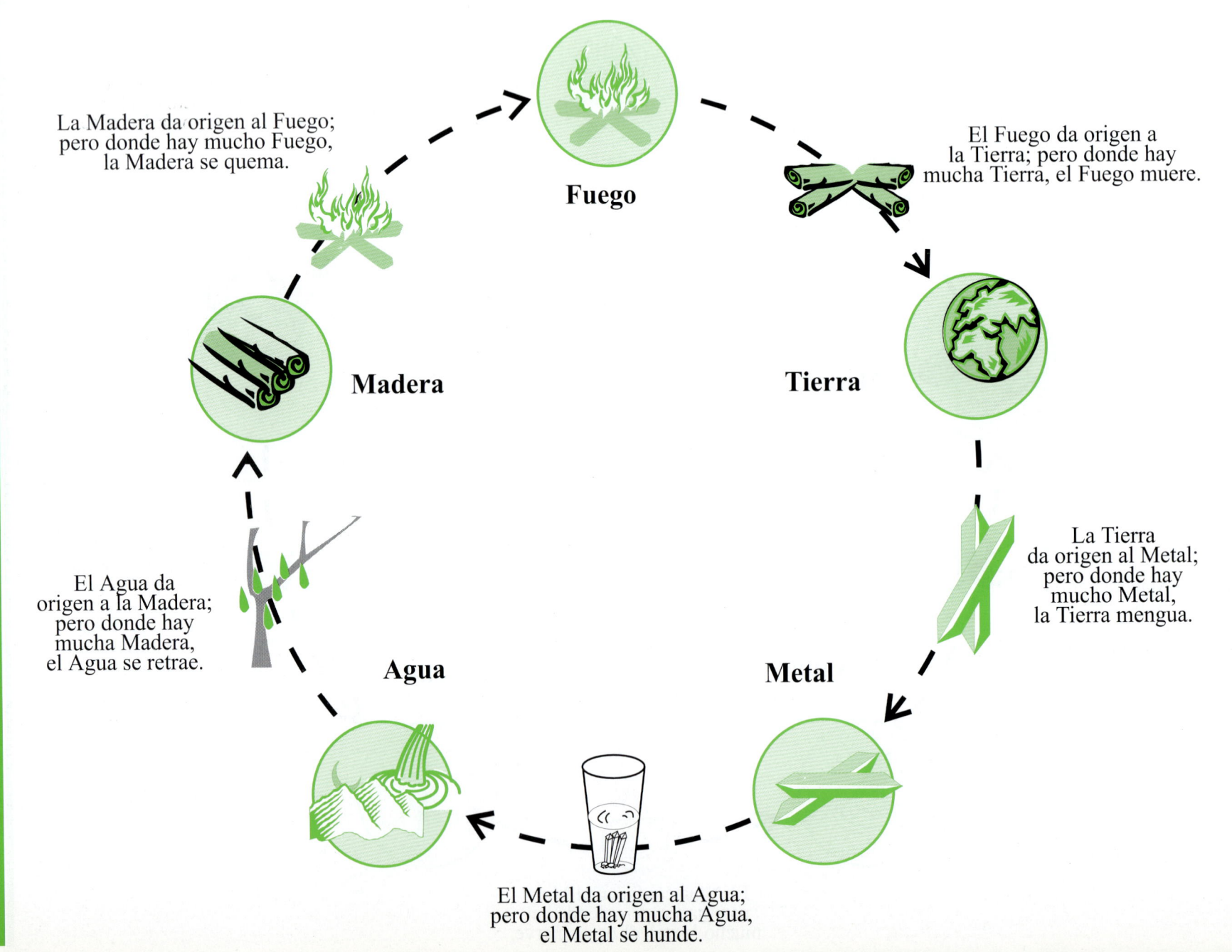

Fuego

Tierra

Metal

Agua

Madera

La Madera da origen al Fuego; pero donde hay mucho Fuego, la Madera se quema.

El Fuego da origen a la Tierra; pero donde hay mucha Tierra, el Fuego muere.

La Tierra da origen al Metal; pero donde hay mucho Metal, la Tierra mengua.

El Metal da origen al Agua; pero donde hay mucha Agua, el Metal se hunde.

El Agua da origen a la Madera; pero donde hay mucha Madera, el Agua se retrae.

Correspondencia de los cinco elementos con el macrocosmos

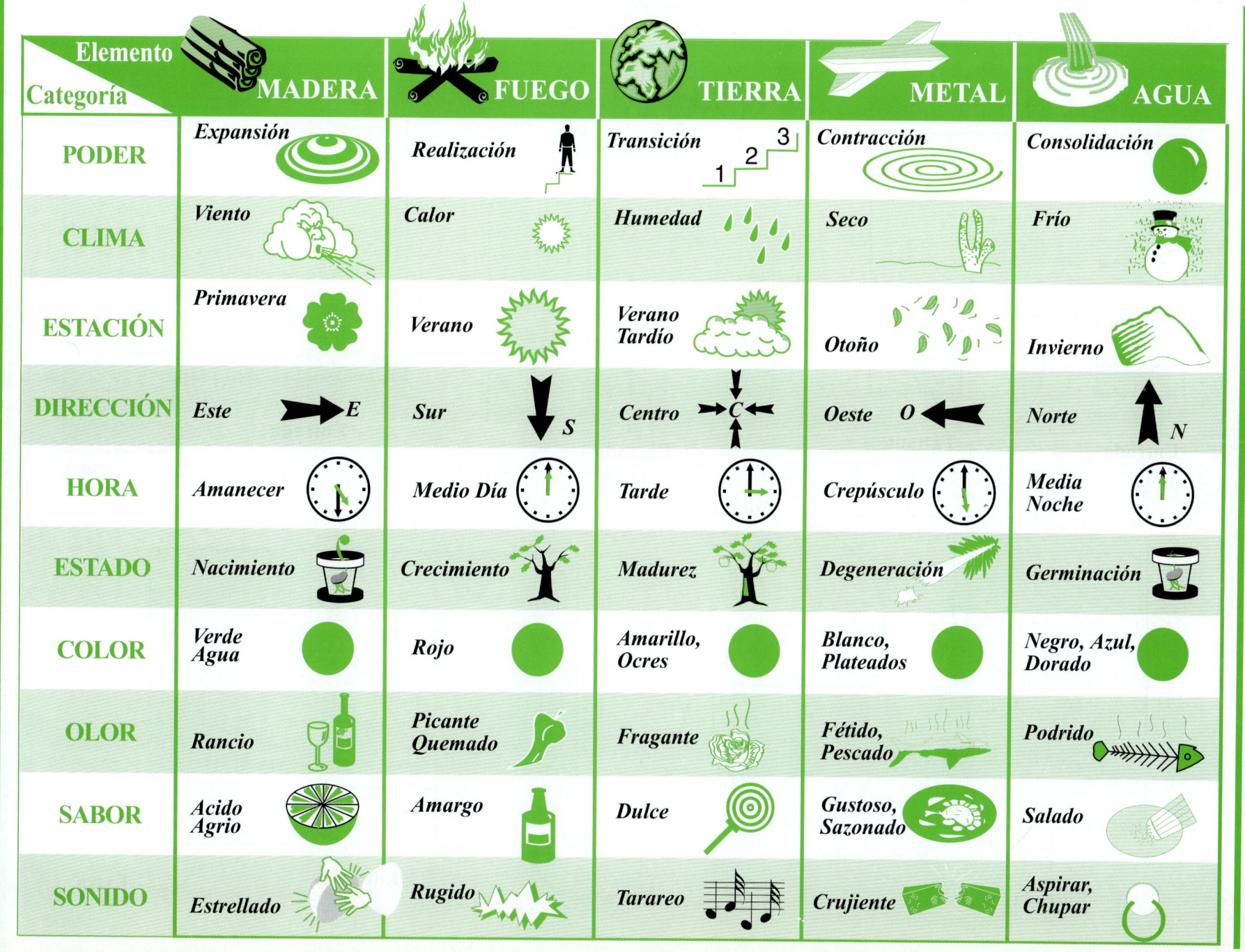

Elemento / Categoría	MADERA	FUEGO	TIERRA	METAL	AGUA
PODER	Expansión	Realización	Transición	Contracción	Consolidación
CLIMA	Viento	Calor	Humedad	Seco	Frío
ESTACIÓN	Primavera	Verano	Verano Tardío	Otoño	Invierno
DIRECCIÓN	Este	Sur	Centro	Oeste	Norte
HORA	Amanecer	Medio Día	Tarde	Crepúsculo	Media Noche
ESTADO	Nacimiento	Crecimiento	Madurez	Degeneración	Germinación
COLOR	Verde Agua	Rojo	Amarillo, Ocres	Blanco, Plateados	Negro, Azul, Dorado
OLOR	Rancio	Picante Quemado	Fragante	Fétido, Pescado	Podrido
SABOR	Acido Agrio	Amargo	Dulce	Gustoso, Sazonado	Salado
SONIDO	Estrellado	Rugido	Tarareo	Crujiente	Aspirar, Chupar

71

Cómo colocar el Ba-Gua en un Plano
Detección de Faltantes y Extras

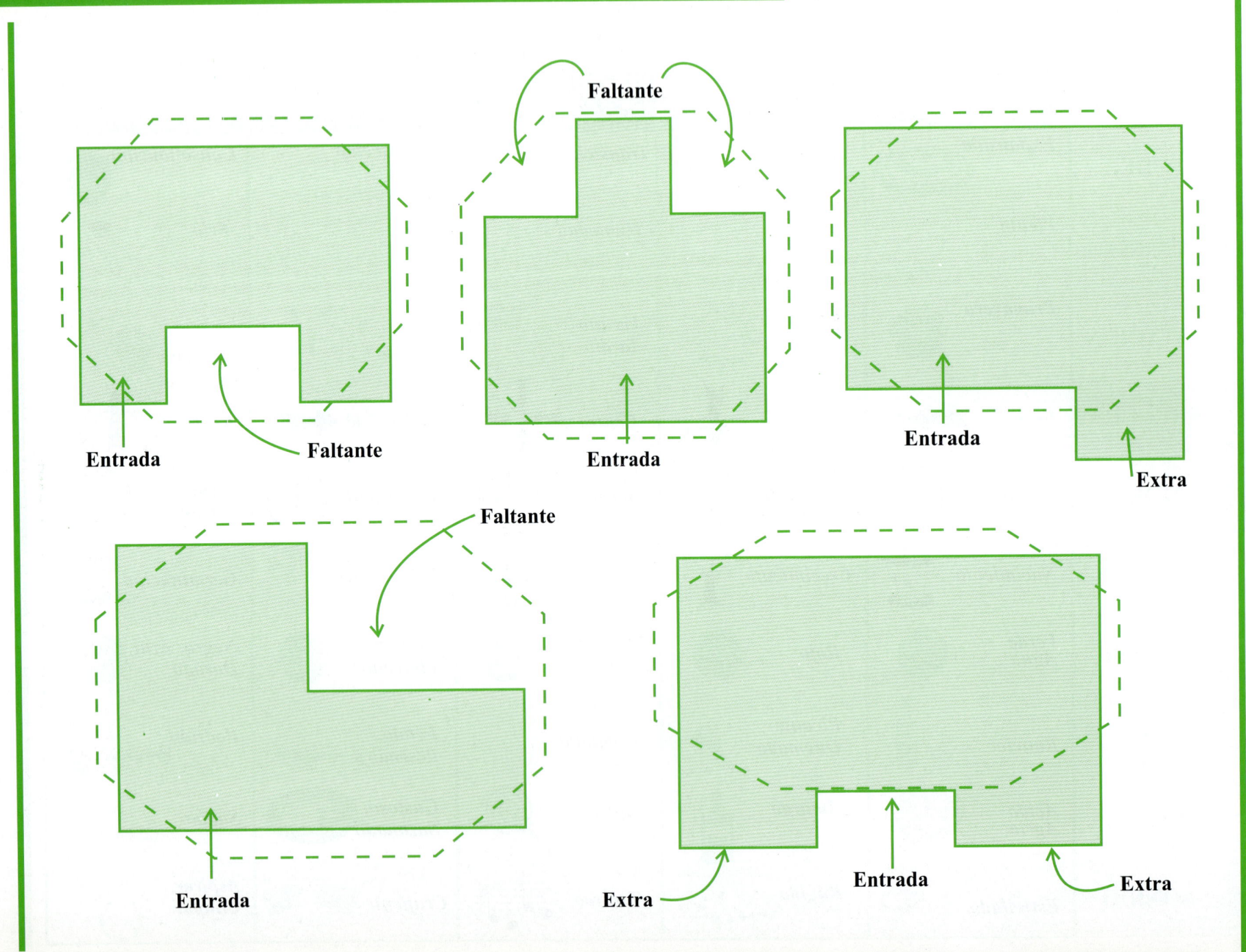

Ej: Apartamento de 2 alcobas

1. Tomar el plano con vista superior

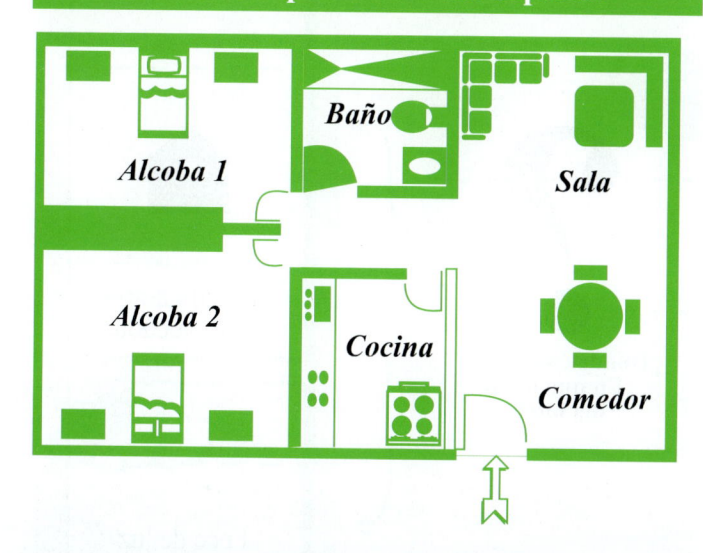

Alcoba 1 — Baño — Sala — Alcoba 2 — Cocina — Comedor

2. Ubicar entrada. Repartir en 9 partes iguales.

1	4	7
2	5	8
3	6	9

3. Ubicar las nueve zonas del Ba-gua

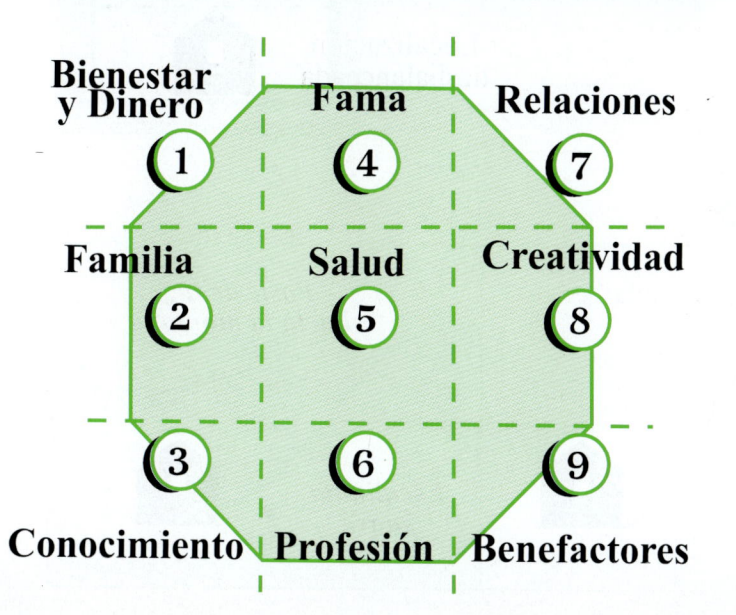

Bienestar y Dinero (1)	Fama (4)	Relaciones (7)
Familia (2)	Salud (5)	Creatividad (8)
Conocimiento (3)	Profesión (6)	Benefactores (9)

4. Superponer el Ba-Gua sobre el plano para determinar las Zonas

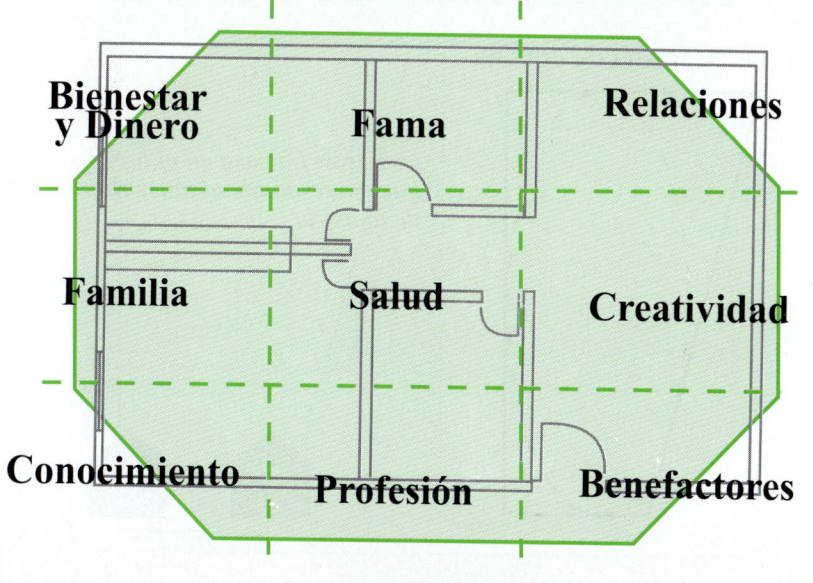

Bienestar y Dinero	Fama	Relaciones
Familia	Salud	Creatividad
Conocimiento	Profesión	Benefactores

Activar el Ba-gua

Soluciones para Lotes

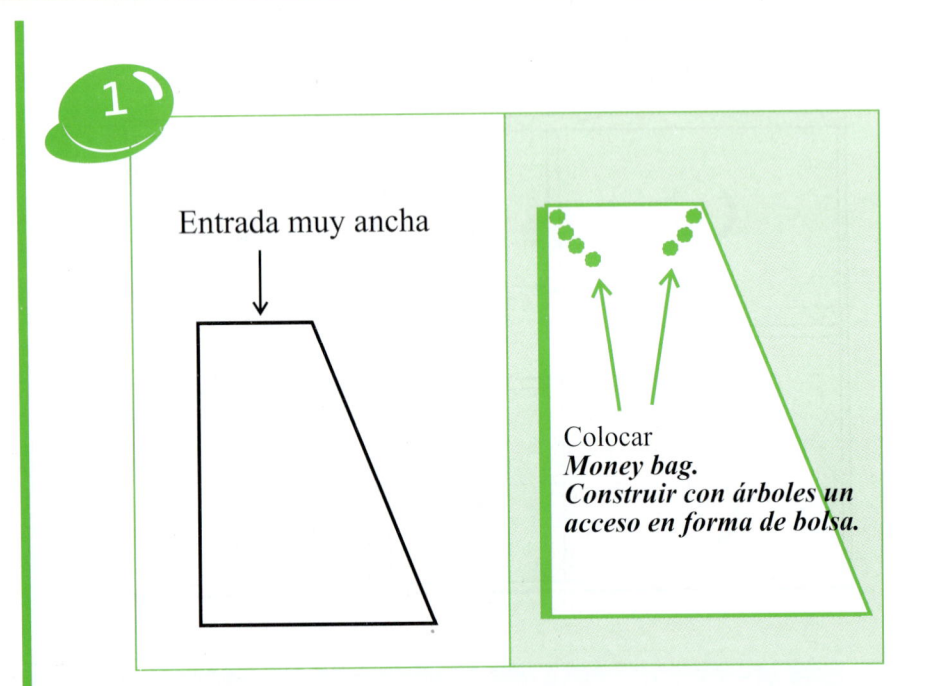

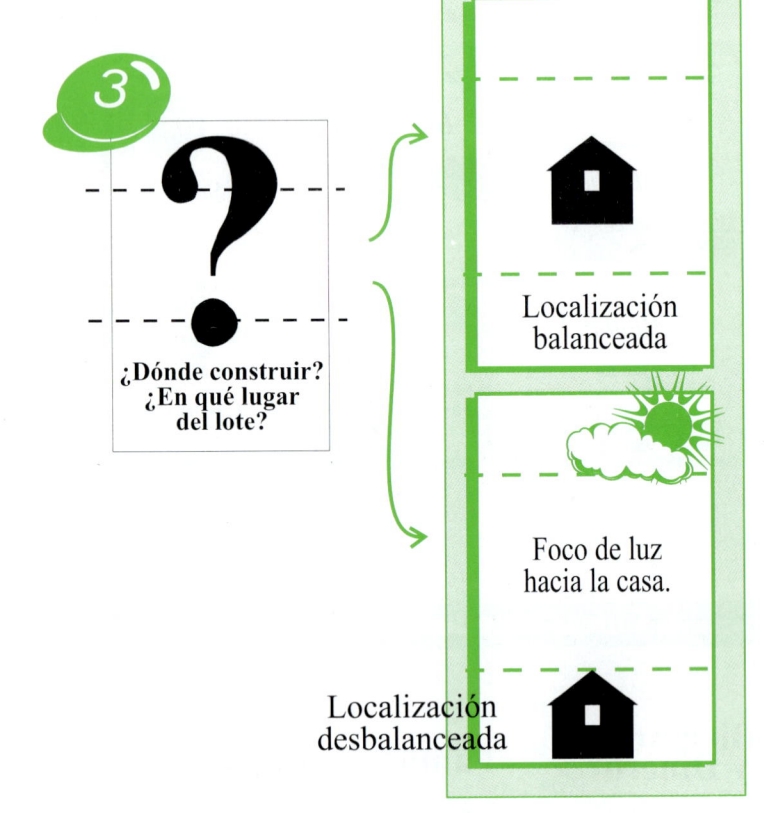

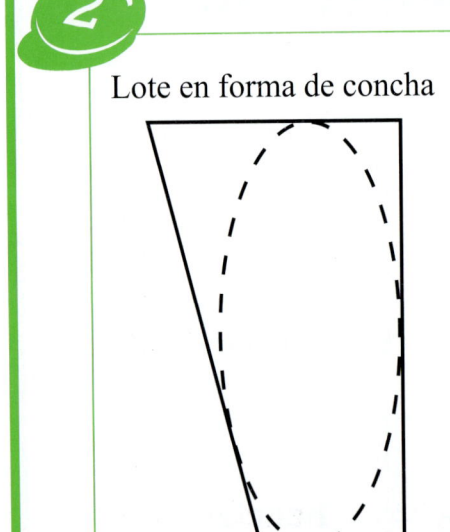

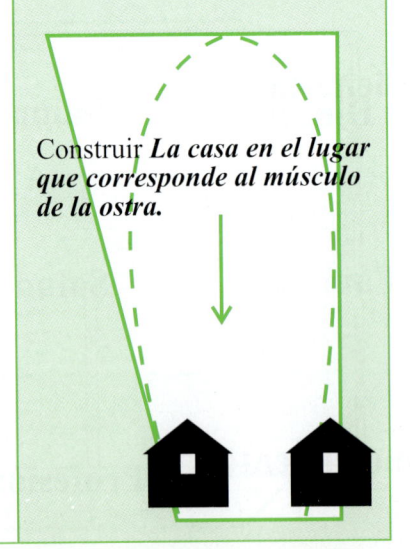

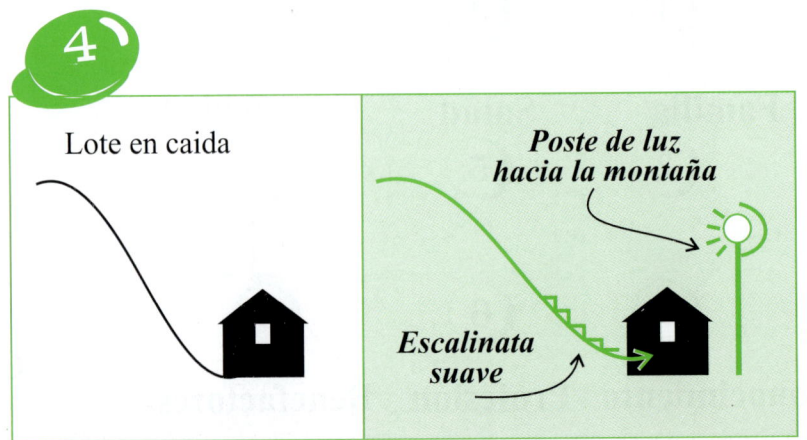

1

Entrada muy ancha

Colocar ***Money bag. Construir con árboles un acceso en forma de bolsa.***

2

Lote en forma de concha

Construir ***La casa en el lugar que corresponde al músculo de la ostra.***

3

¿Dónde construir? ¿En qué lugar del lote?

Localización balanceada

Foco de luz hacia la casa.

Localización desbalanceada

4

Lote en caida

Poste de luz hacia la montaña

Escalinata suave

Relación Construcción - Agua

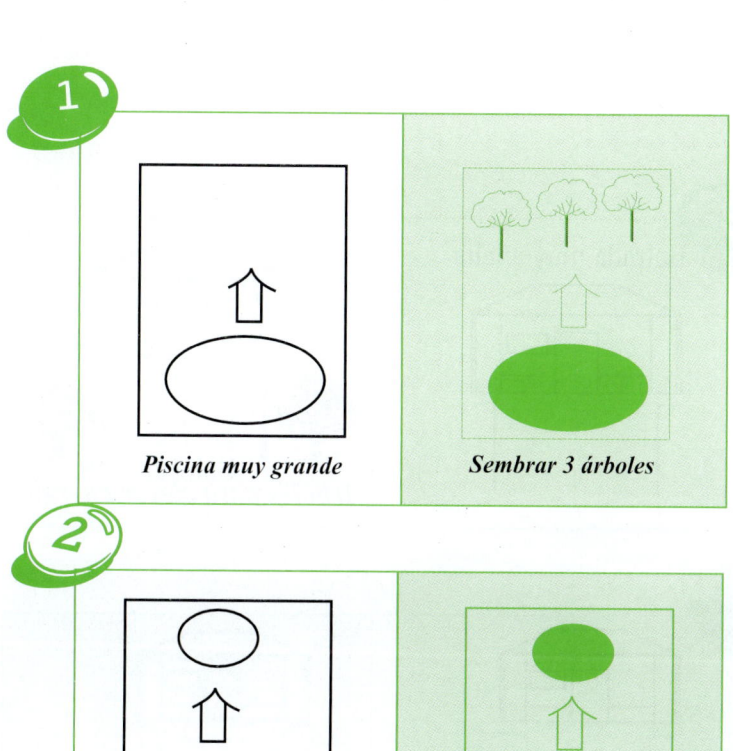

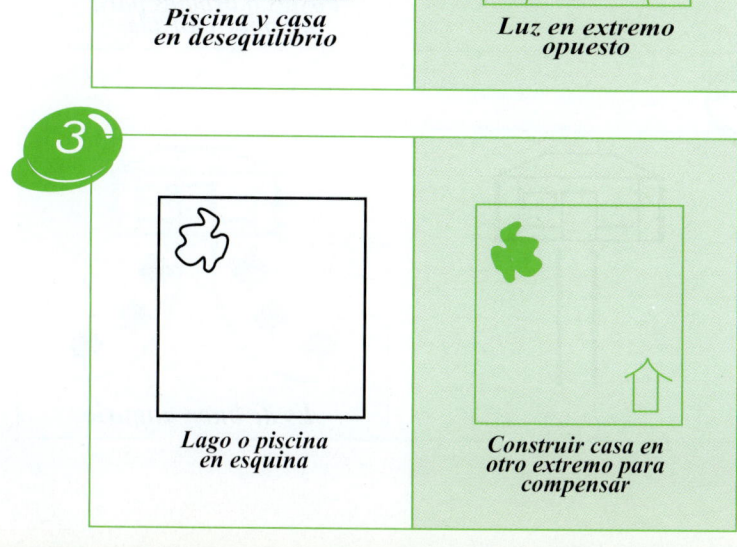

1.
- Piscina muy grande
- Sembrar 3 árboles

2.
- Piscina y casa en desequilibrio
- Luz en extremo opuesto

3.
- Lago o piscina en esquina
- Construir casa en otro extremo para compensar

4.
- Varios lagos
- Que sean de igual tamaño y unir con un puente

5.
- Lago en forma de riñón, hacia afuera, aleja oportunidades
- Colocar luz para equilibrar

6.
- Lago que abrace casa, genera buen augurio

Solución de Acceso a Vivienda

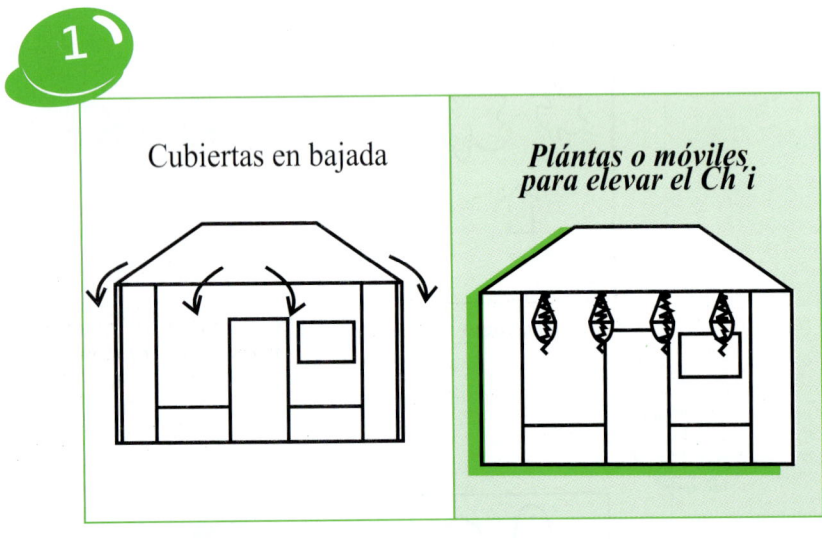

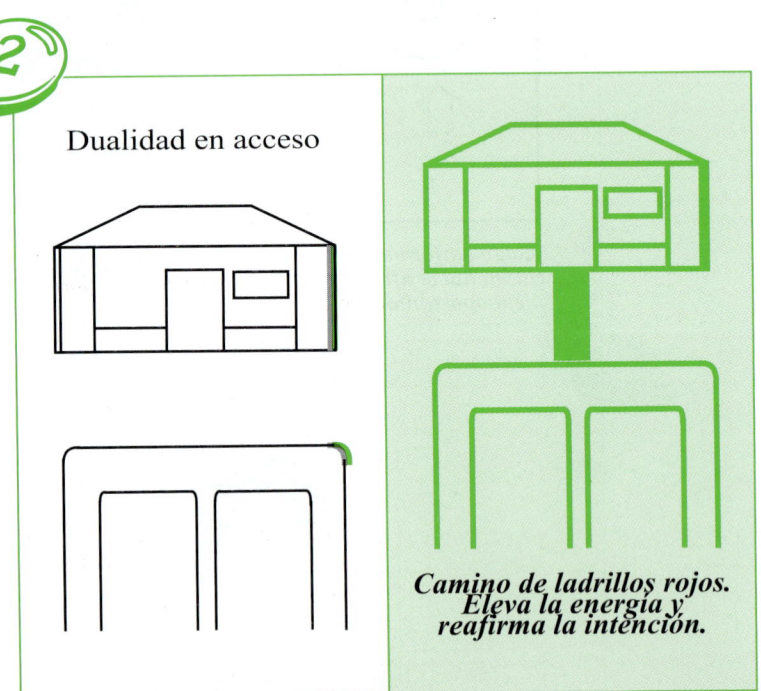

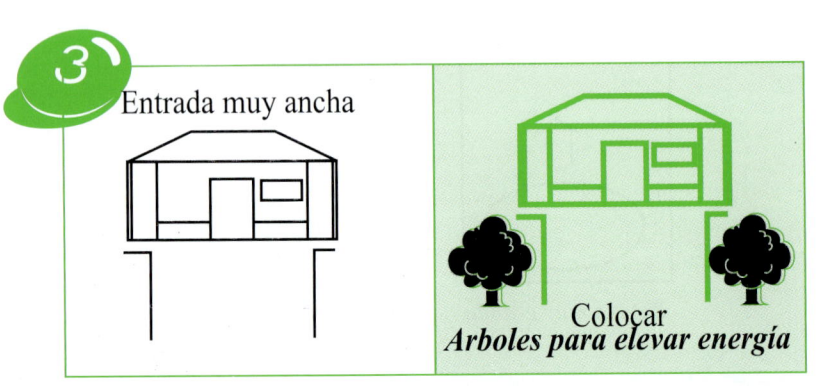

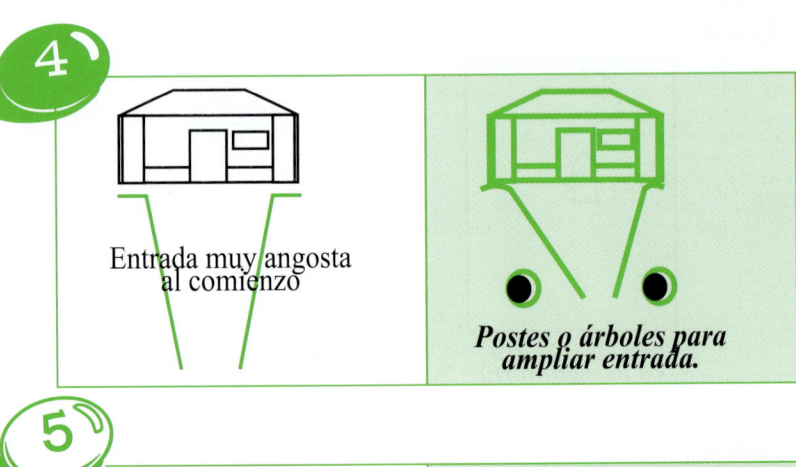

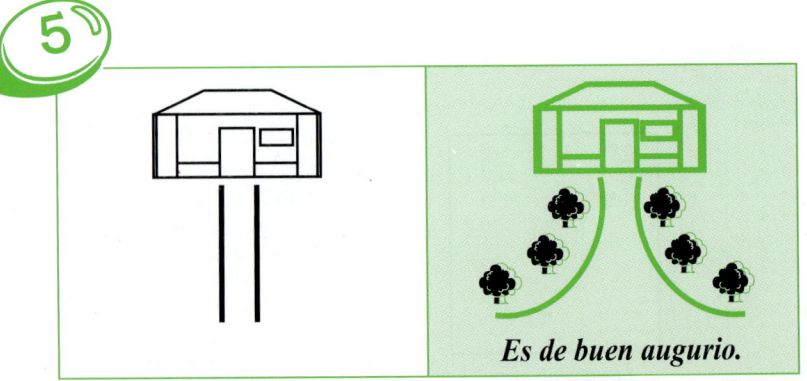

1.

Cubiertas en bajada

Plántas o móviles para elevar el Ch'i

2.

Dualidad en acceso

Camino de ladrillos rojos. Eleva la energía y reafirma la intención.

3.

Entrada muy ancha

Colocar *Arboles para elevar energía*

4.

Entrada muy angosta al comienzo

Postes o árboles para ampliar entrada.

5.

Es de buen augurio.

Soluciones Interiores

1. Cubiertas que oprimen

Colocar *Espejo hacia abajo o hacia arriba*

Colocar *Luz hacia arriba*

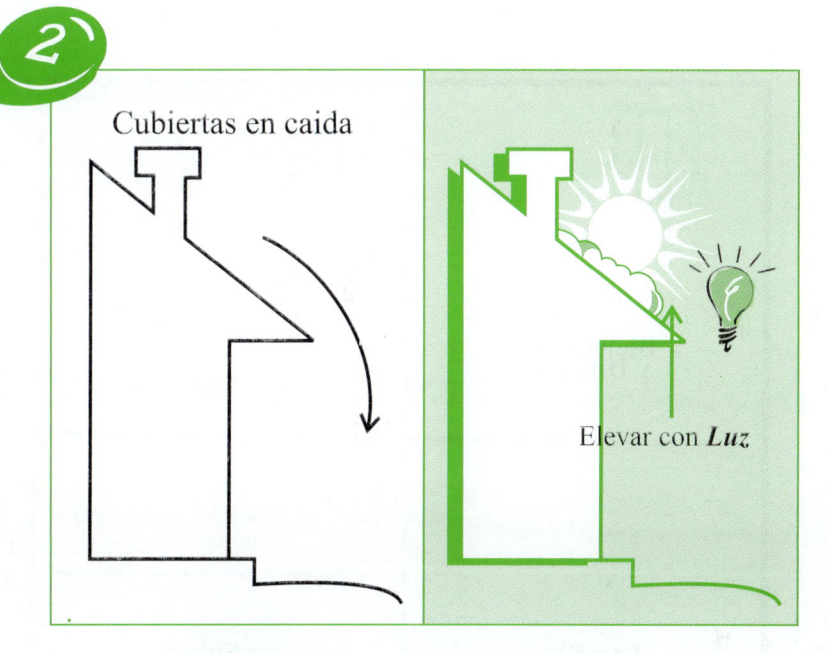

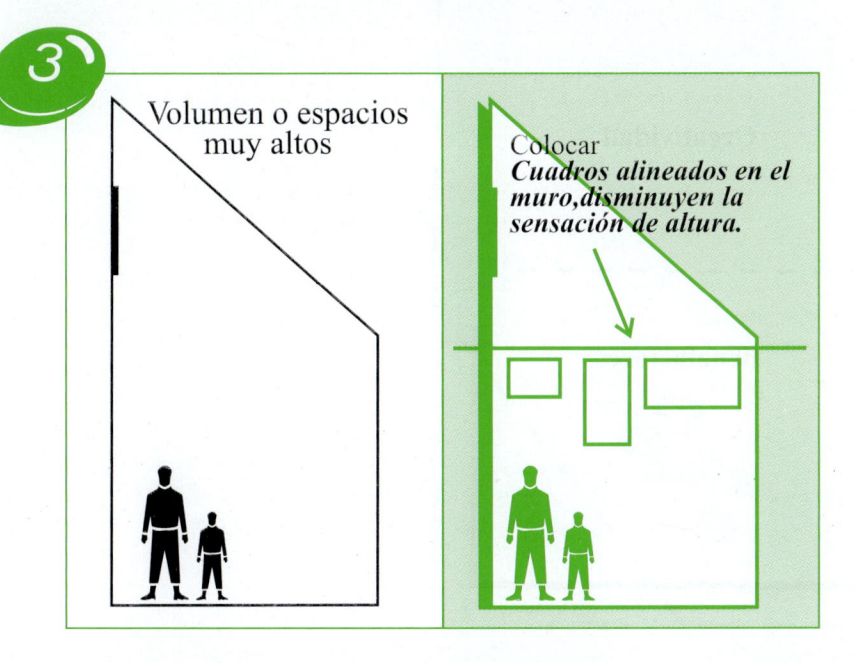

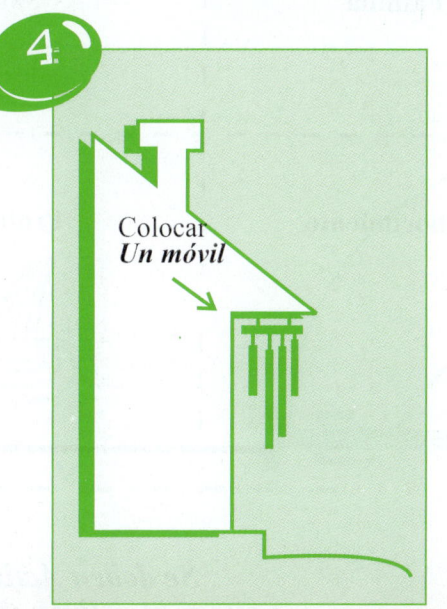

2. Cubiertas en caida

Elevar con *Luz*

3. Volumen o espacios muy altos

Colocar *Cuadros alineados en el muro, disminuyen la sensación de altura.*

4. Colocar *Un móvil*

Aquí se presentan algunos problemas en la construcción de cubiertas, techos y aleros NO armónicos que pueden ser solucionados con espejos, luz o móviles.

La Alcoba Ideal

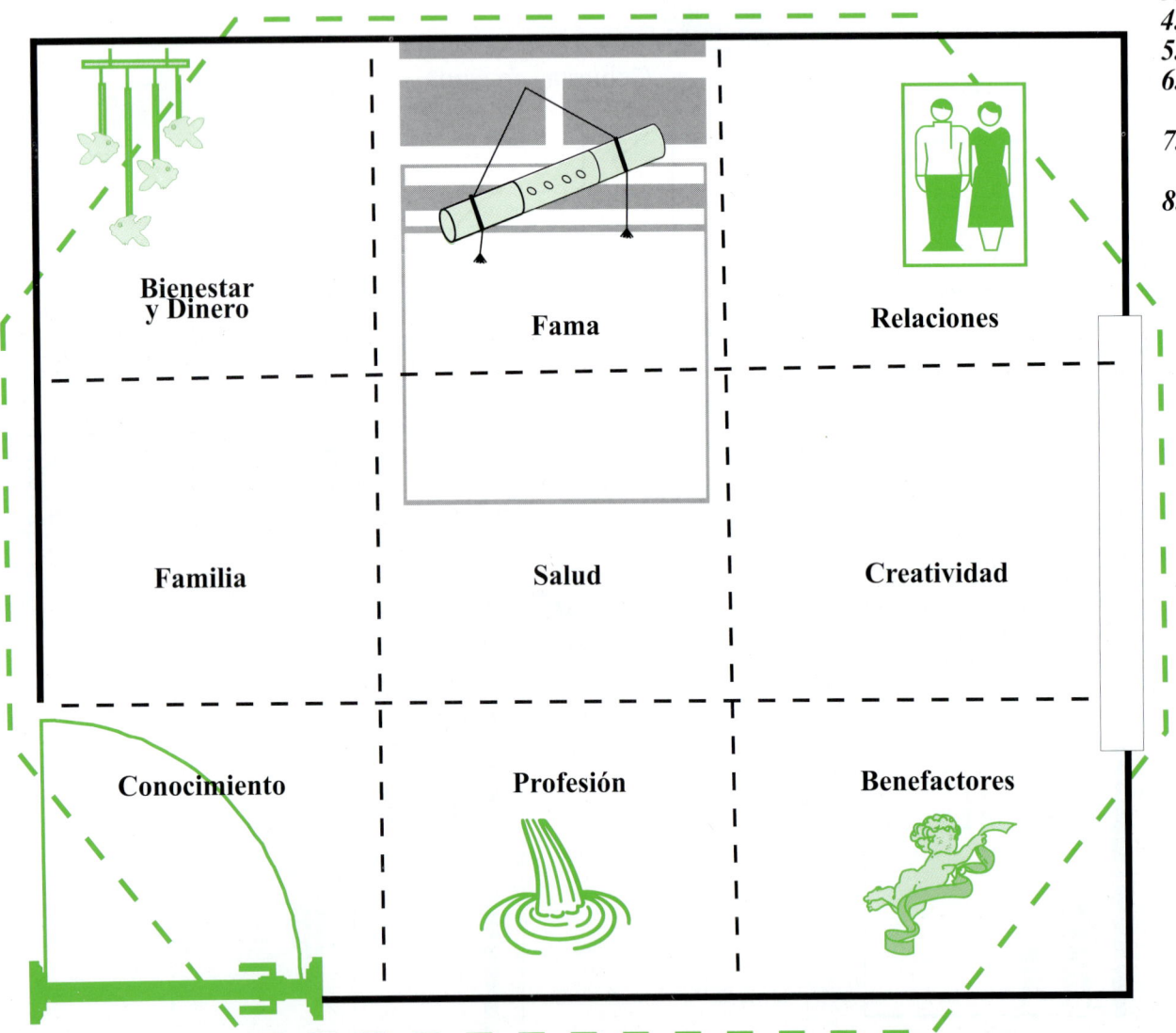

1. **La cabecera hacia el norte**
2. **Completa visión de la puerta desde la cabecera**
3. **Sin baño**
4. **Sin T.V.**
5. **Sin espejos**
6. **Ventana lateral a la cama y con cortina o black out**
7. **Cama de madera (no metálica) con cabecera y piesero**
8. **Sin obstaculos en la circulación**

Bienestar y Dinero	Fama	Relaciones
Familia	Salud	Creatividad
Conocimiento	Profesión	Benefactores

Se deben Activar las zonas dependiendo de la necesidad, ya que si se activan todas al mismo tiempo podría ser contraproducente.

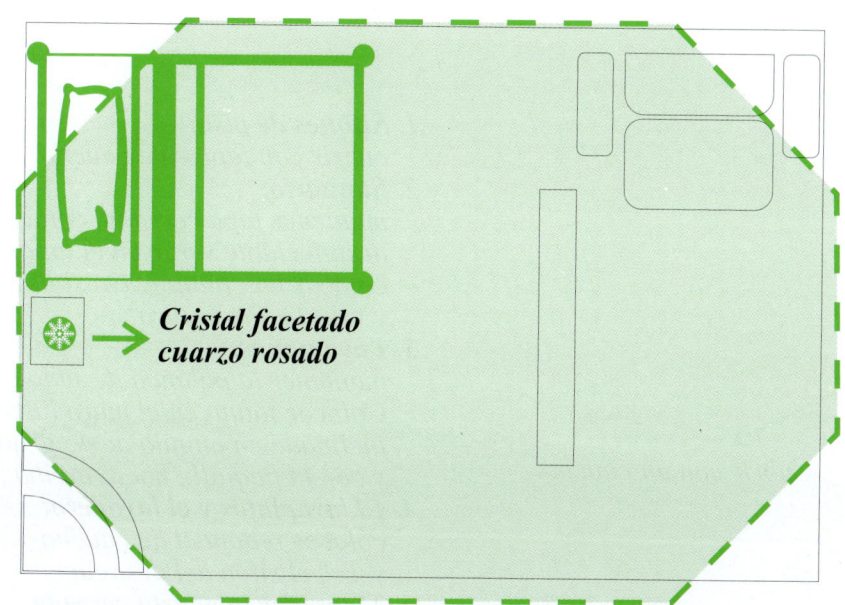

Correctivos para habitaciones

Cristal facetado cuarzo rosado

Si la entrada está dando directamente sobre la cabecera se debe colocar una bola de cristal facetada entre las dos o un cuarzo rosado sobre la mesa

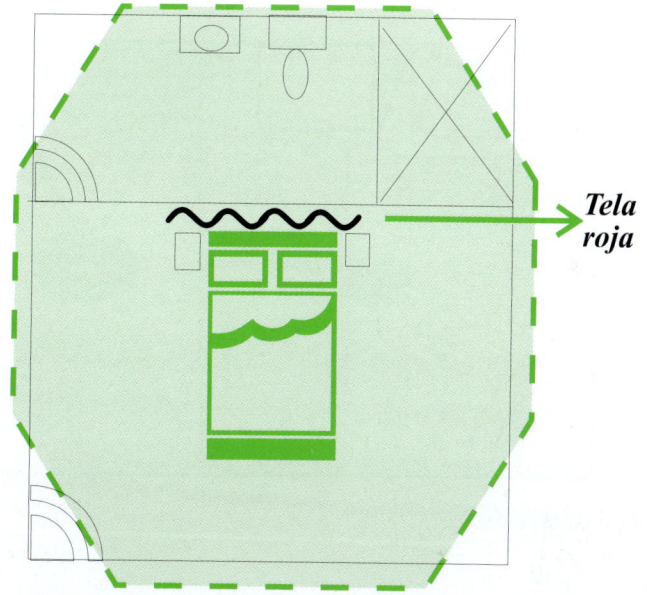

Tela roja

Si la cabecera de la cama está contra el baño, colocar una tela roja en la cabecera.

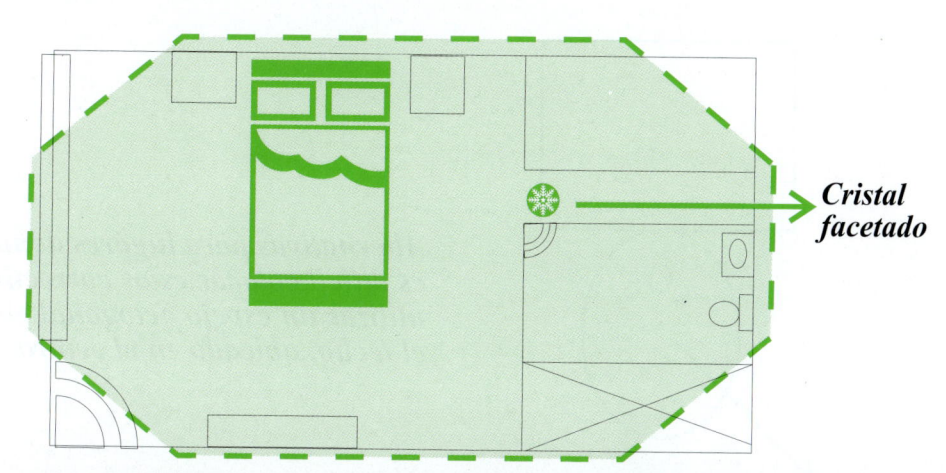

Cristal facetado

Un vestier sin puerta o un vano vacío en la alcoba se debe corregir colocando una bola de cristal en el vano

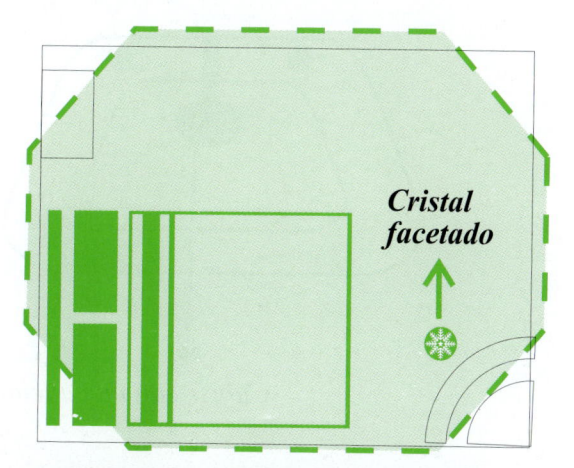

Cristal facetado

Los pies frente a la puerta de entrada, debe corregirse con una bola de cristal

Correctivos para Baños y Sifones

BAÑOS - LAVADEROS - LAVAPLATOS

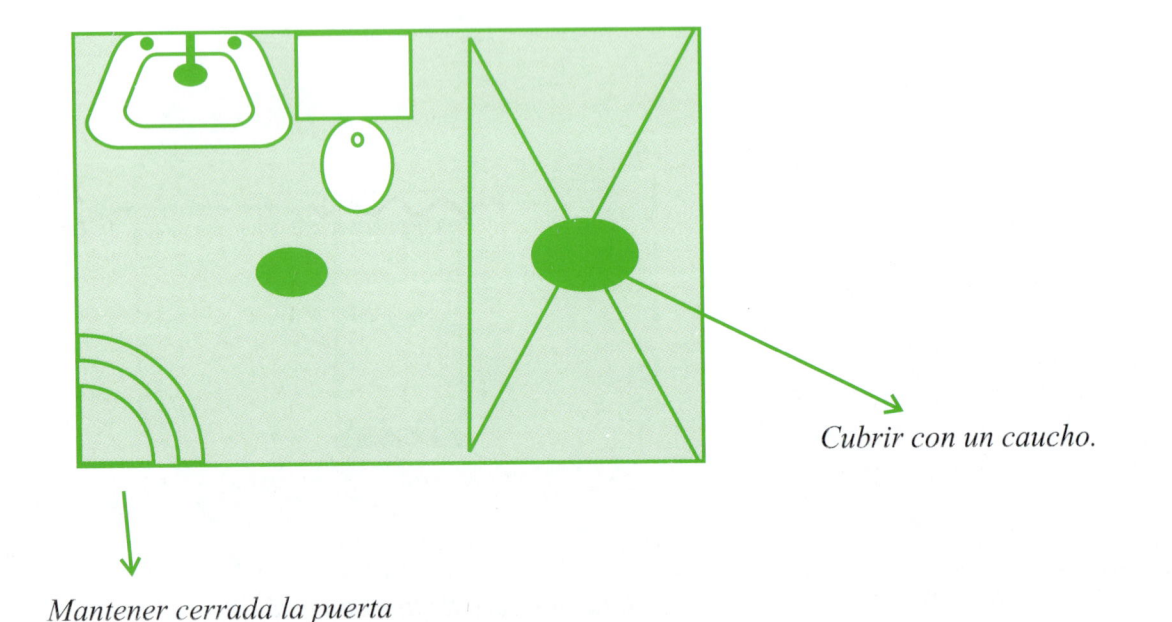

Cubrir con un caucho.

Mantener cerrada la puerta

1. **Sifones de piso:**
   cubrir con tapete de caucho.
2. **Sanitario:**
   mantener tapa cerrada, colocar desinfectante verde en el tanque, colocar una planta viva si hay luz y ventilación natural.
3. **Lavamanos:**
   mantener la palanca de sello cerrada. Colocar flauta en el muro lateral inclinada en ángulo de 45 grados y con la boquilla hacia arriba.
4. **El lavaplatos y el lavadero:**
   colocar redondel de caucho sobre el sifón del desagüe.
5. **Mantener la puerta cerrada.**

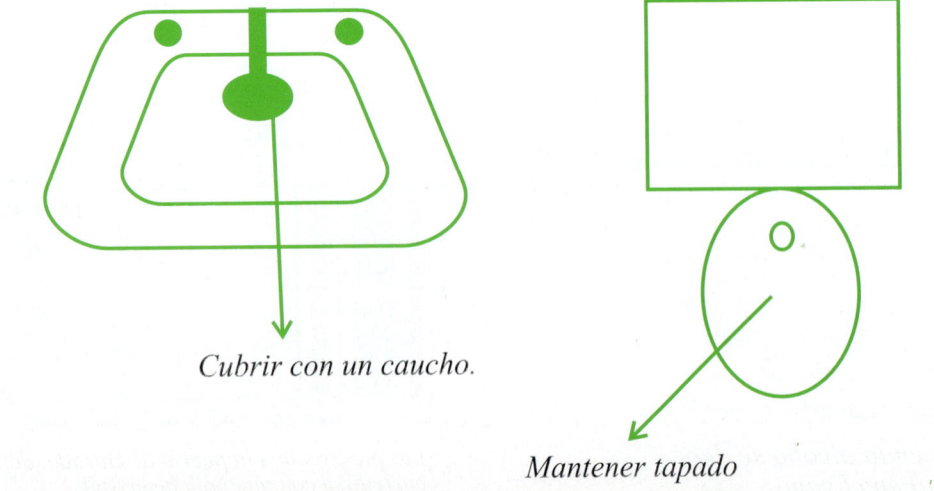

Cubrir con un caucho.

Mantener tapado

Alternativas para lugares donde es difícil colocar estos correctivos, utilizar un espejo octogonal en el techo, ubicado en el centro.

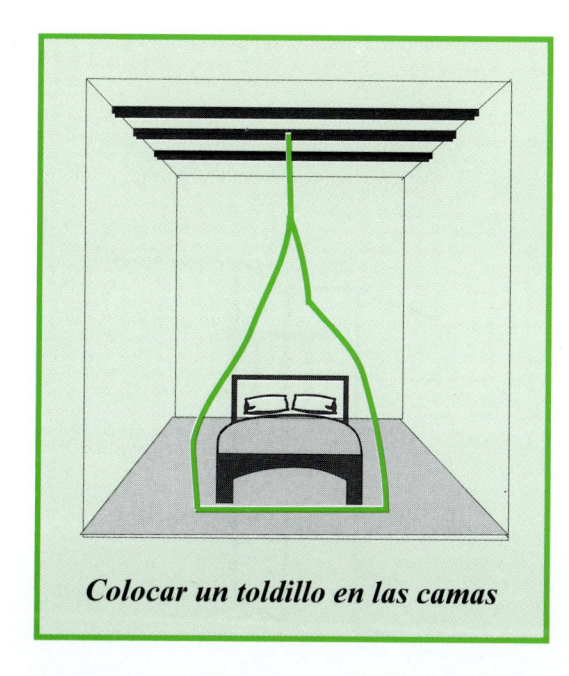

Vigas

Colocar un toldillo en las camas

Hacer cielo raso falso

Hacer líneas rojas en los filos

Colgar dos flautas inclinadas 45 grados

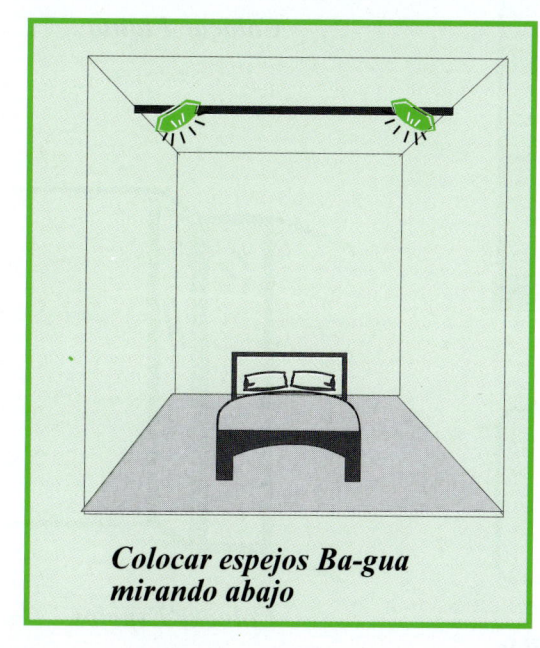

Colocar espejos Ba-gua mirando abajo

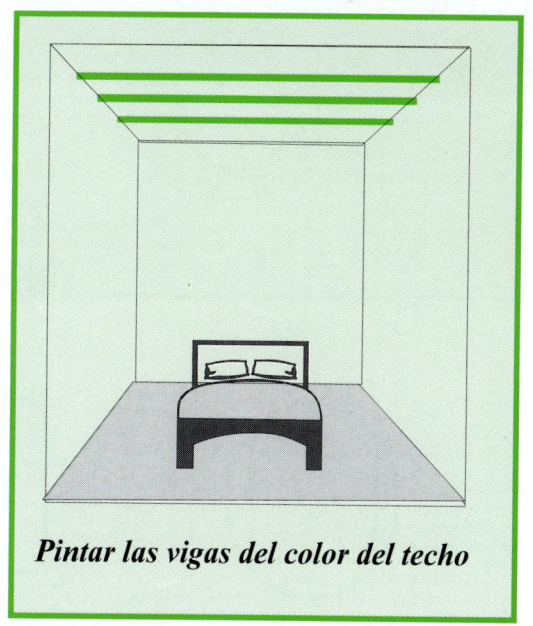

Pintar las vigas del color del techo

Solución para columnas

La Energía de este filo o punta de flecha se determina como: Agresora

Forrar columnas y redondear filos

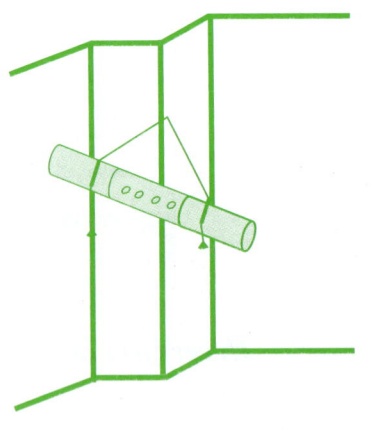

Colocar Flauta

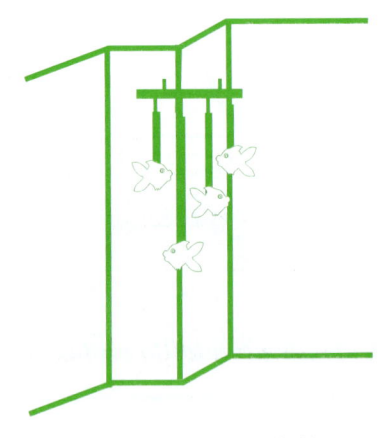

Colocar Móvil

Colocar Espejos

Colocar Planta que se eleve

Puertas

VARIAS PUERTAS QUE CONVERGEN

ENTRADA CONTRA MURO

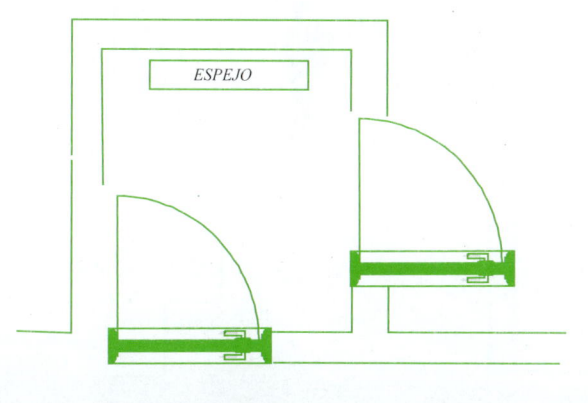

ESPEJO

Colocar espejo frente a la puerta

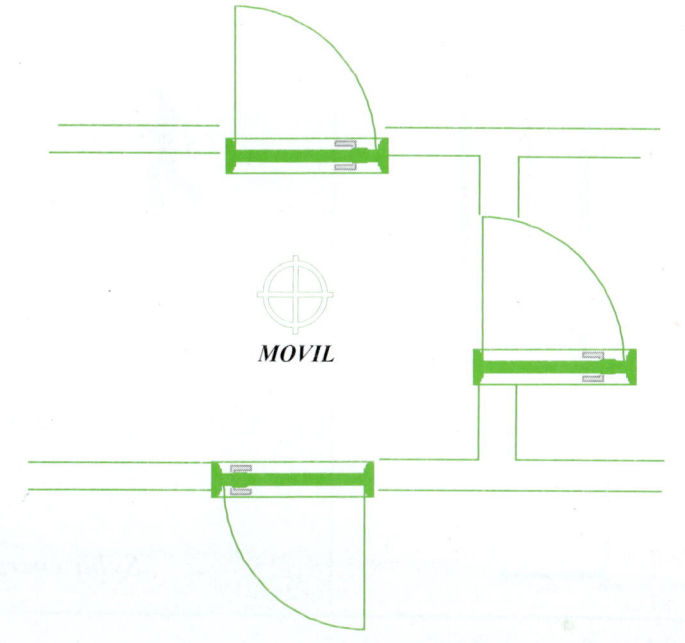

MOVIL

SE RECOMIENDA COLOCAR UN MÓVIL EN EL CENTRO

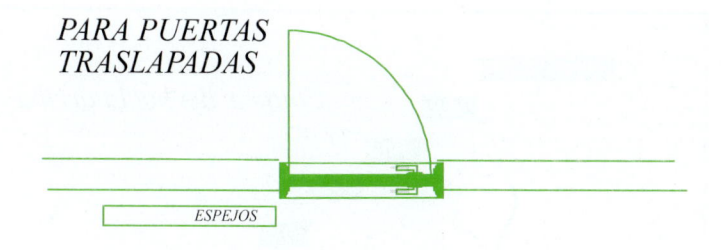

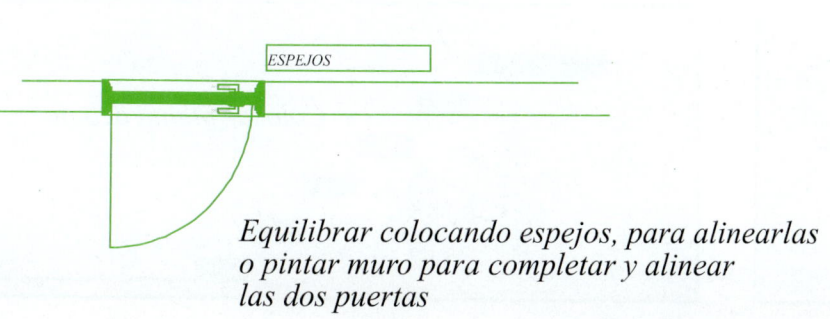

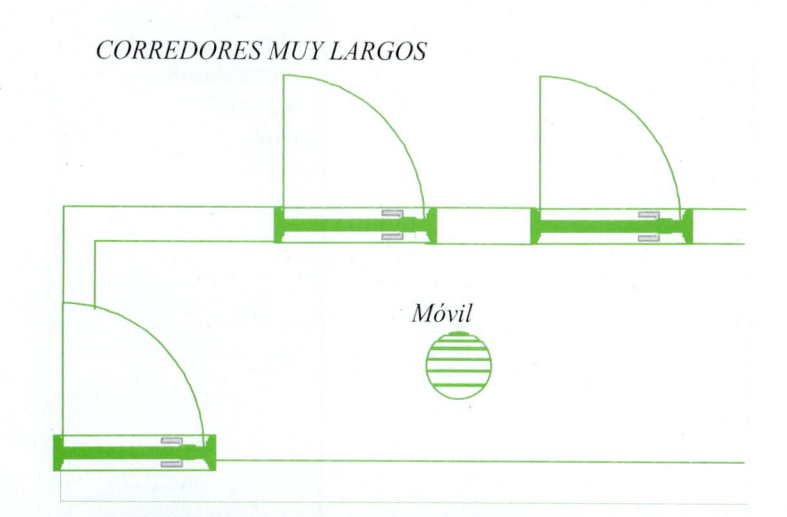

PARA PUERTAS TRASLAPADAS

ESPEJOS

ESPEJOS

Equilibrar colocando espejos, para alinearlas o pintar muro para completar y alinear las dos puertas

CORREDORES MUY LARGOS

Móvil

Corregir con un móvil para disminuir la velocidad del Ch´i

Soluciones para Escaleras

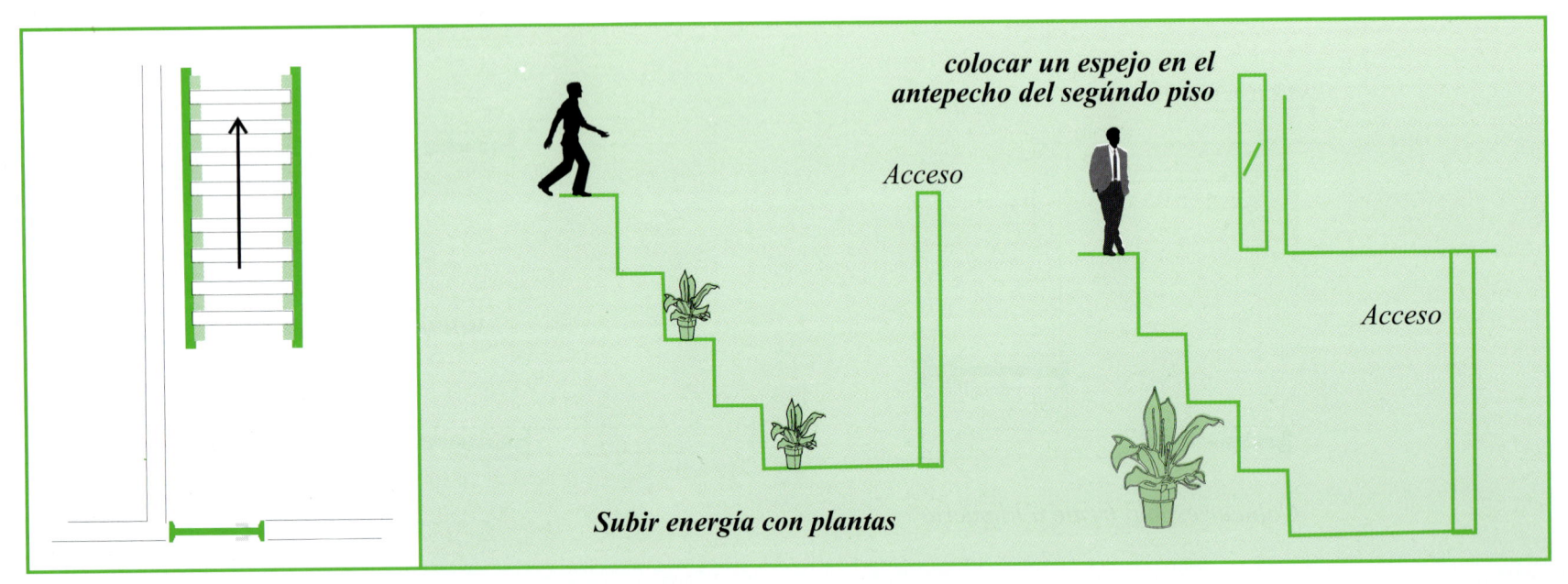

Escalera frente a Acceso

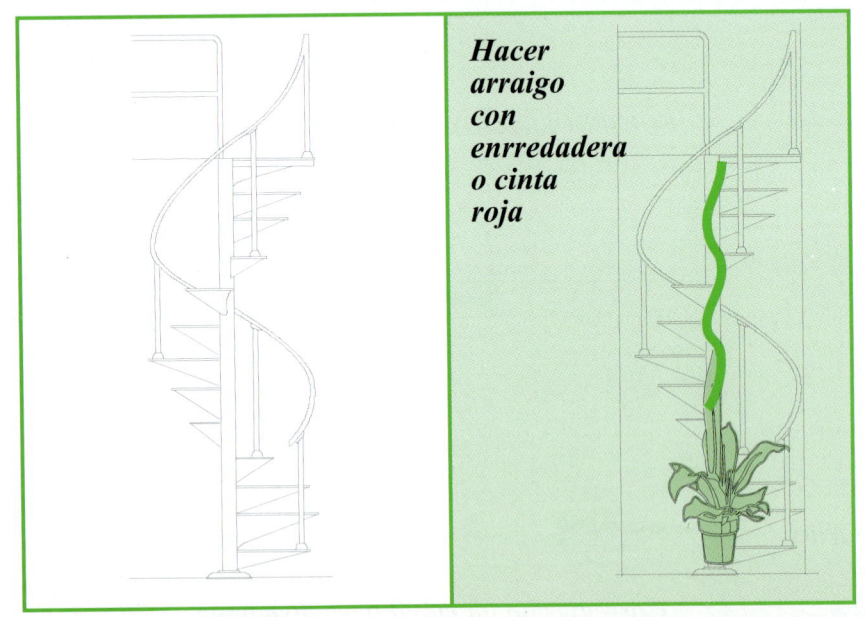

colocar un espejo en el antepecho del segúndo piso

Acceso

Acceso

Subir energía con plantas

Hacer arraigo con enrredadera o cinta roja

Escaleras empinadas

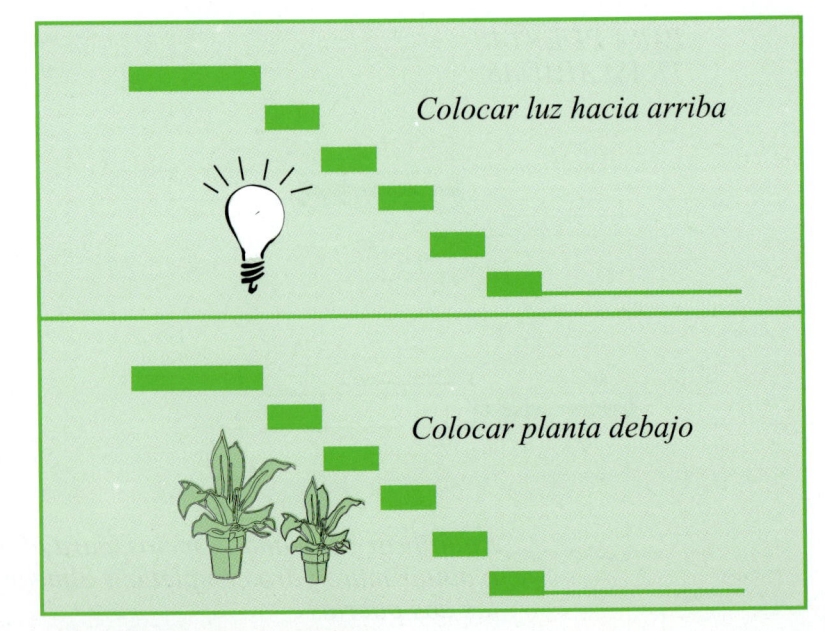

Colocar luz hacia arriba

Colocar planta debajo

Escaleras sin contrapaso

84

Orientación Geomagnética de las zonas de Ba-gua

Prosperidad
*Trigrama viento
elemento madera
color: verde, violeta
Representaciones: imagen dinero,
oro, personalidades prósperas,
imágenes del viento*

Fama
*Trigrama fuego
elemento fuego
color: rojo
Representaciones: con figuras heroicas,
fotos, actitud triunfo,
caballos, lamparas*

Relaciones
*Trigrama tierra
elemento tierra
color: amarillo, terracota, rosado
Representaciones: parejas,
dos patos mandarines,
foto pareja, dos flores rosadas,
mapamundi, piedras.*

Familia
*Trigrama trueno
elemento madera
color verde
Representaciones: bosques,
fotos de familia, plantas,
instrumentos musicales.*

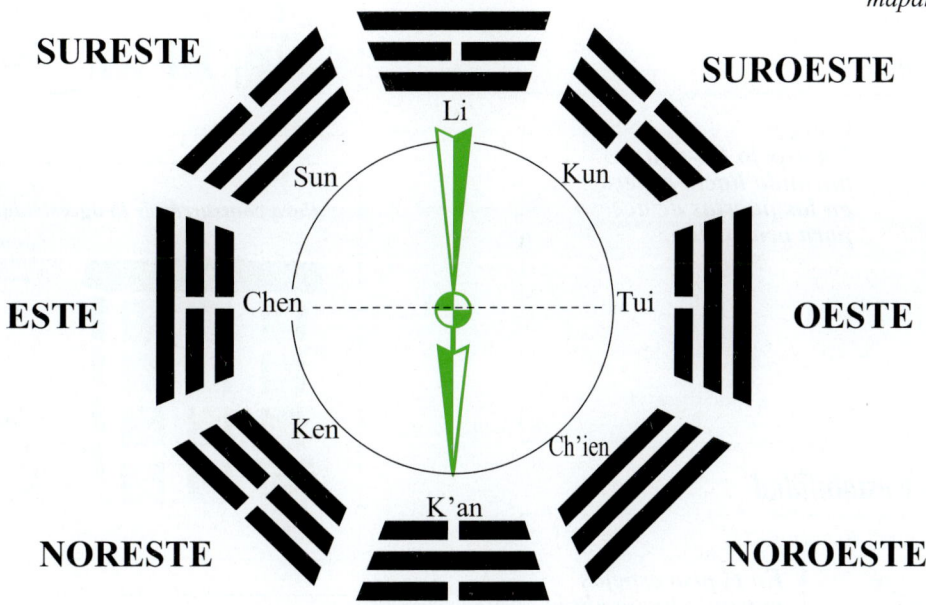

Creatividad
*Trigrama lago
elemento metal
color blanco
Representaciones: lago,
obras de arte, imágenes de niños*

Conocimiento
*Trigrama montaña
elemento tierra
color azul
Representaciones: montañas,
vasijas barro,
personas solas reflexionando*

Profesión
*Trigrama agua
elemento agua
color azul, negro
Representaciones:
fuentes, acuarios, titulos*

Benefactores
*Trigrama cielo
elemento metal
color: gris, plata
Representaciones: cielo,
santos, angeles, maestros, luz.*

SUR — SURESTE — SUROESTE — ESTE — OESTE — NORESTE — NOROESTE — NORTE

Li — Sun — Kun — Chen — Tui — Ken — Ch'ien — K'an

85

Ejemplos de Aplicaciones de espejos

1. Espejos para completar un área del Ba-gua

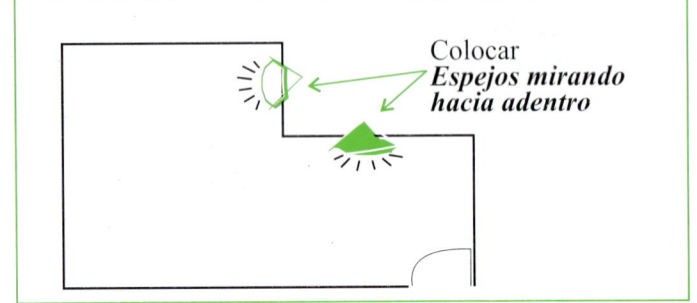

Colocar **Espejos mirando hacia adentro**

2. Espejo para protección

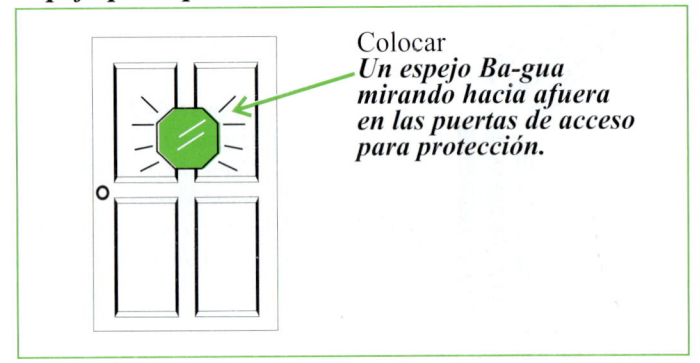

Colocar **Un espejo Ba-gua mirando hacia afuera en las puertas de acceso para protección.**

3. Espejos para arraigo y estabilidad

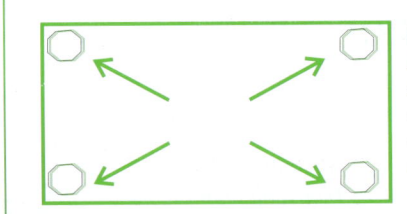

Colocar **En el piso espejos mirando hacia abajo en cada esquina cuando hay garaje debajo.**

4. Espejos para atraer la prosperidad

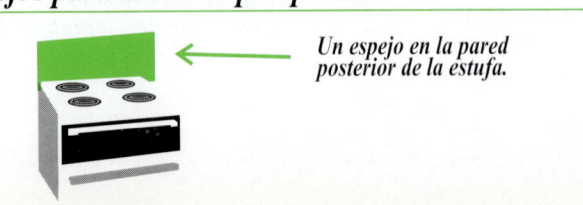

Un espejo en la pared posterior de la estufa.

5. Espejos para contrarrestar agresividades de edificaciones vecinas

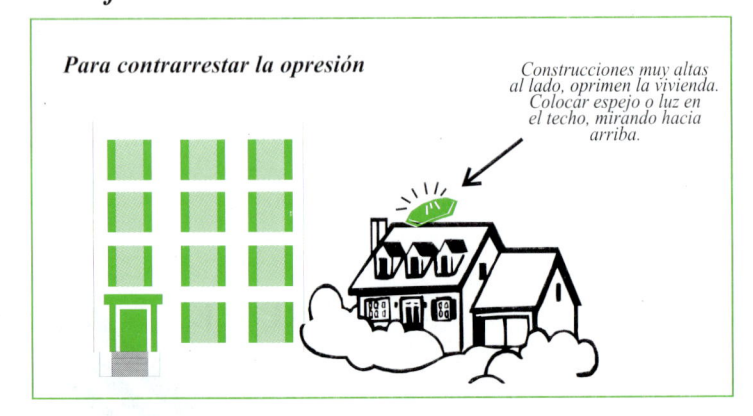

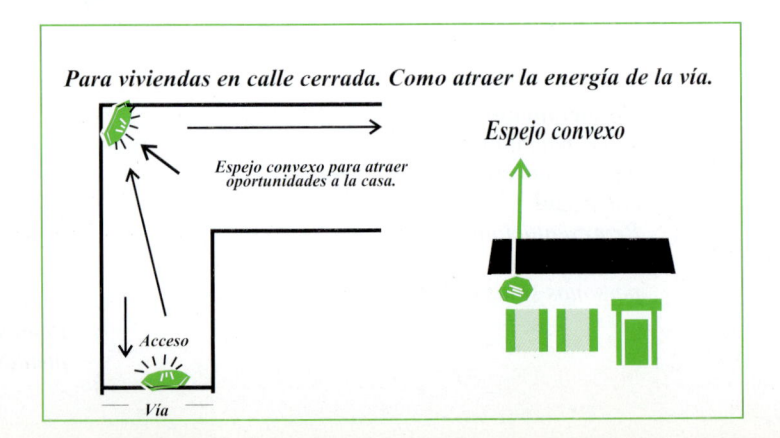

Para contrarrestar la opresión

Construcciones muy altas al lado, oprimen la vivienda. Colocar espejo o luz en el techo, mirando hacia arriba.

Para contrarrestar la agresividad de las puntas

Construcciones con puntas de flecha o aristas, se pueden contrarrestar ubicando espejos convexos mirando hacia afuera en los extremos de la casa.

Para viviendas en calle cerrada. Como atraer la energía de la vía.

Espejo convexo para atraer oportunidades a la casa.

Espejo convexo

Acceso

Vía

86

Hoja de Visualización

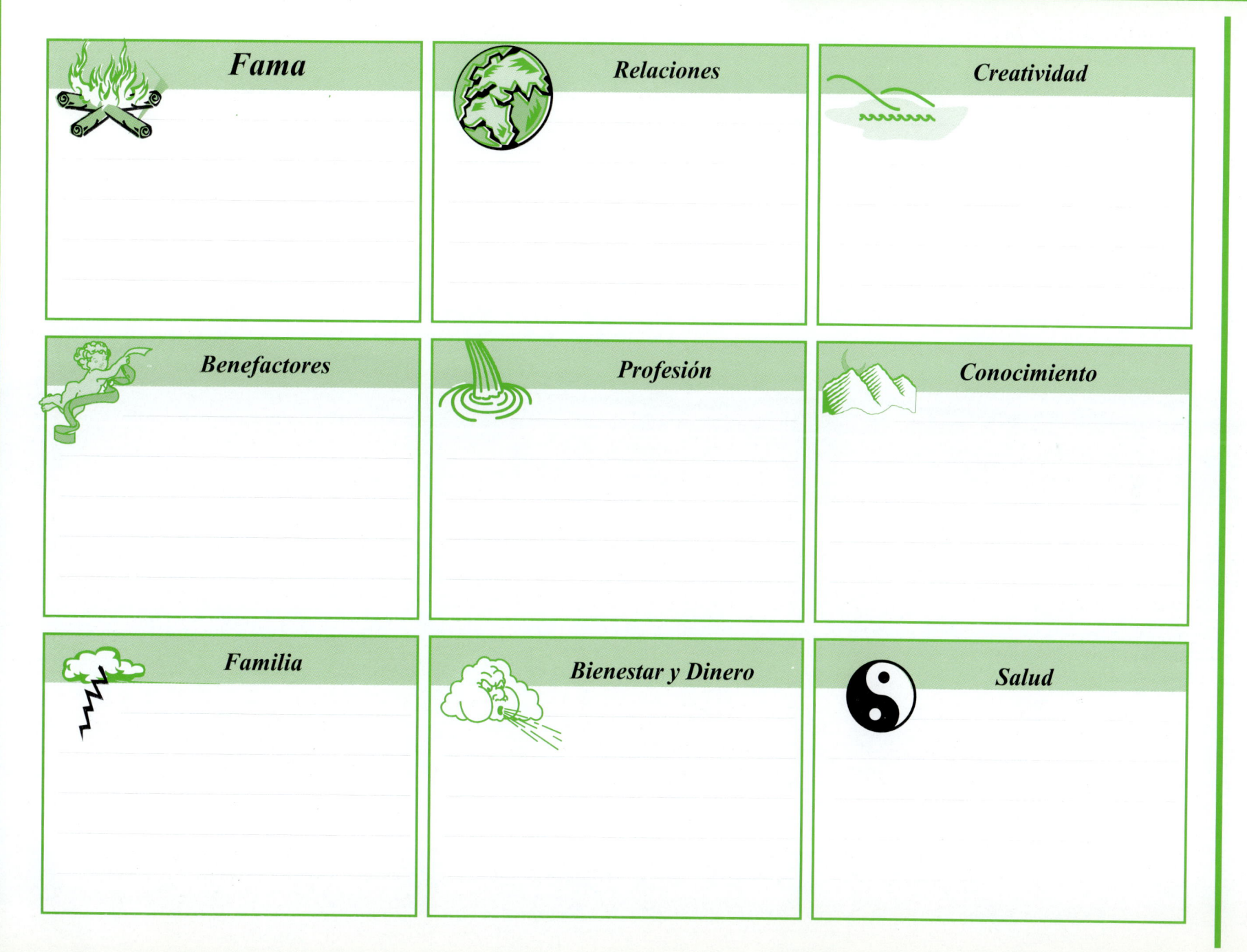

¿Qué quiero y para qué de las siguientes áreas de mi vida?

Fama	*Relaciones*	*Creatividad*
Benefactores	*Profesión*	*Conocimiento*
Familia	*Bienestar y Dinero*	*Salud*

Ba-gua

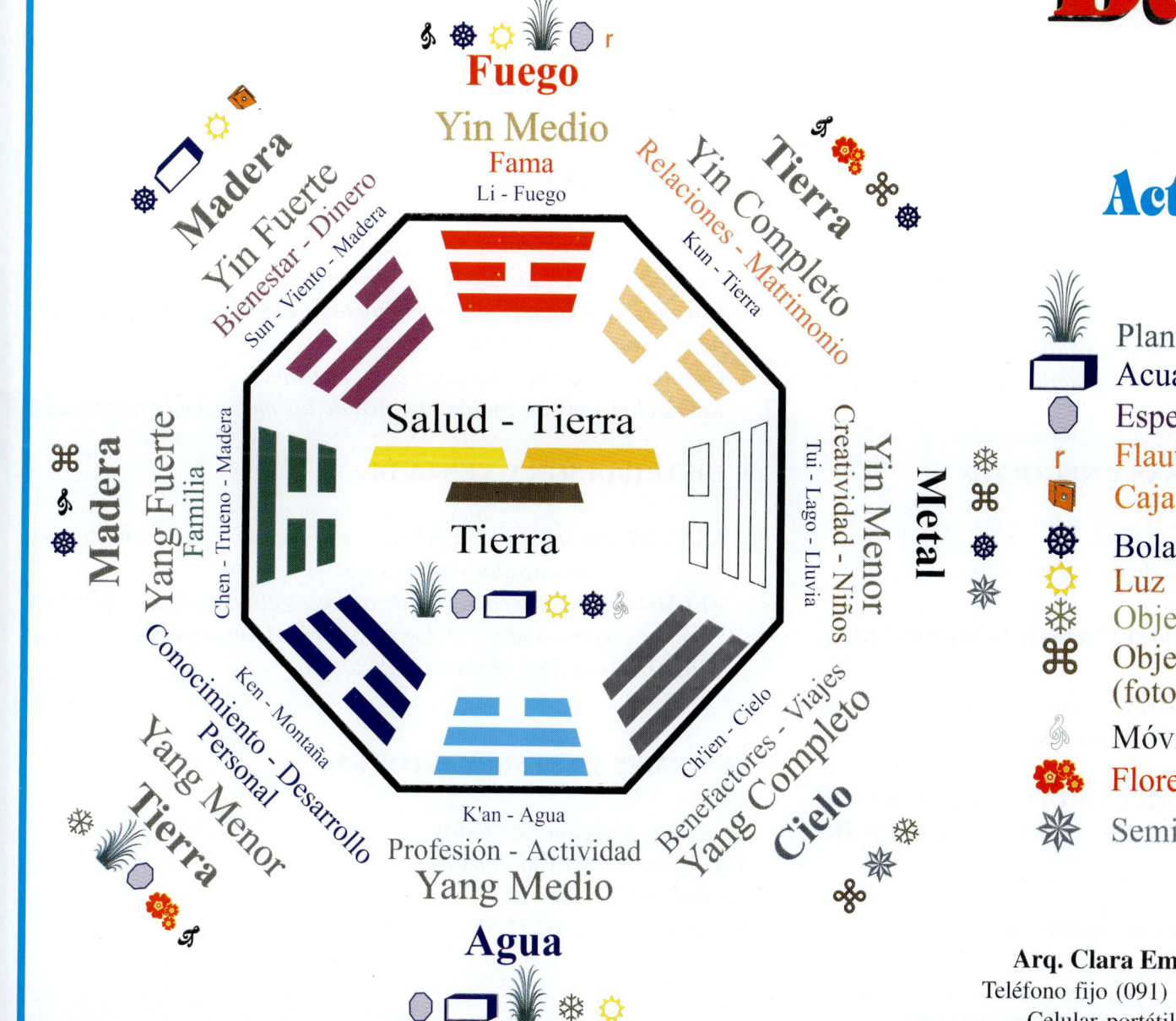

Fuego
Yin Medio
Fama
Li - Fuego

Madera
Yin Fuerte
Bienestar - Dinero
Sun - Viento - Madera

Tierra
Yin Completo
Relaciones - Matrimonio
Kun - Tierra

Salud - Tierra
Tierra

Madera
Yang Fuerte
Familia
Chen - Trueno - Madera

Metal
Yin Menor
Creatividad - Niños
Tui - Lago - Lluvia

Tierra
Yang Menor
Conocimiento - Desarrollo Personal
Ken - Montaña

Cielo
Yang Completo
Benefactores - Viajes
Ch'ien - Cielo

Agua
Yang Medio
Profesión - Actividad
K'an - Agua

Activadores:

- Plantas
- Acuario / Agua / Fuentes
- Espejos / Bagua
- r Flautas (en vigas)
- Caja de Dinero
- Bola de Cristal Facetada
- Luz
- Objeto del color de la zona
- Objeto alusivo a la zona (foto, cuadro)
- Móviles
- Flores
- Semillas

Arq. Clara Emilia Ruíz Catilla
Teléfono fijo (091) 333 5609 BOGOTÁ
Celular portátil (033) 283 5645
Busca personas: (091) 540 5555 - 600 6828 Código 6778

Servicios para Empresas, Negocios y Hogares

1. **FENG SHUI PARA EL ALMA**

   Consulta personal, relajación y visualización creativa, métodos efectivos para construir AUTOESTIMA.

2. **VENTA DE INMUEBLES: CASA INMOBILIARIA**

   Todo sitio es un ser y merece un trato especial requiere limpieza y armonización en especial cuando lleva un tiempo desocupado y no ha sido posible venderlo. nos encargamos de la venta en el plano físico y en el etérico. Asesoramos otras inmobiliarias en los factores energéticos para la venta.

3. **VISITA TECNICA A EMPRESAS Y NEGOCIOS**

   Corrección de ondas electromagnéticas.
   Demostración cientifica de la efectividad de los filtros.

4. **ASESORIA EN ARMONIZACION: FENG SHUI EMPRESARIAL**

   Distribución de muebles, color, orientaciones favorables para obtener riqueza, buenas relaciones, armonía y paz.

5. **SEMINARIOS Y CURSOS PARA GRUPOS Y EMPRESAS FENG SHUI, 1er NIVEL, 2 do. NIVEL, CURSO DE RADIESTESIA**

6. **DISEÑO DE PLANOS ARQUITECTONICOS**

   Diseñe y construya con la optimización y armonización del espacio.

7. **ASESORIA A ARQUITECTOS Y DISEÑADORES DE INTERIORES**

   Sobre planos y visitas a domicilio favorables para los usuarios

8. **ASESORIA DOMICILIARIA**

   Corrección de perdidas de energía.
   Armonización de forma, color, elementos.
   Corrección de ondas electromagnéticos originadas por T.V., equipos de sonido, computador, celular...
   Orientaciones propicias para cada usuario.
   Relajación y visualización creativa de las metas del consultante.

9. **DISTRIBUCION Y VENTA DE:**

   SENSOR, piramide plana: filtro corrector de geopatías. Armonizador de espacios.
   TELMOrehm: filtro corrector de ondas electromágneticas, para TV. computador, celular, transformadores, equipos de sonido.
   LIBRO: Feng Shui al alcance de todos.

INFORMES Y PRESUPUESTOS EN:

Feng Shui al alcance de todos
Arq. Clara Emilia Ruiz Castilla
Celular: 033 283 56 45
Buscapersonas: 540 55 55 cód. 6778

Contaminación Invisible

Esta forma de contaminación se conoce con el nombre de POLUCIÓN ELECTROMAGNÉTICA y esta incluida entre las cuatro formas de contaminación que están destruyendo el planeta

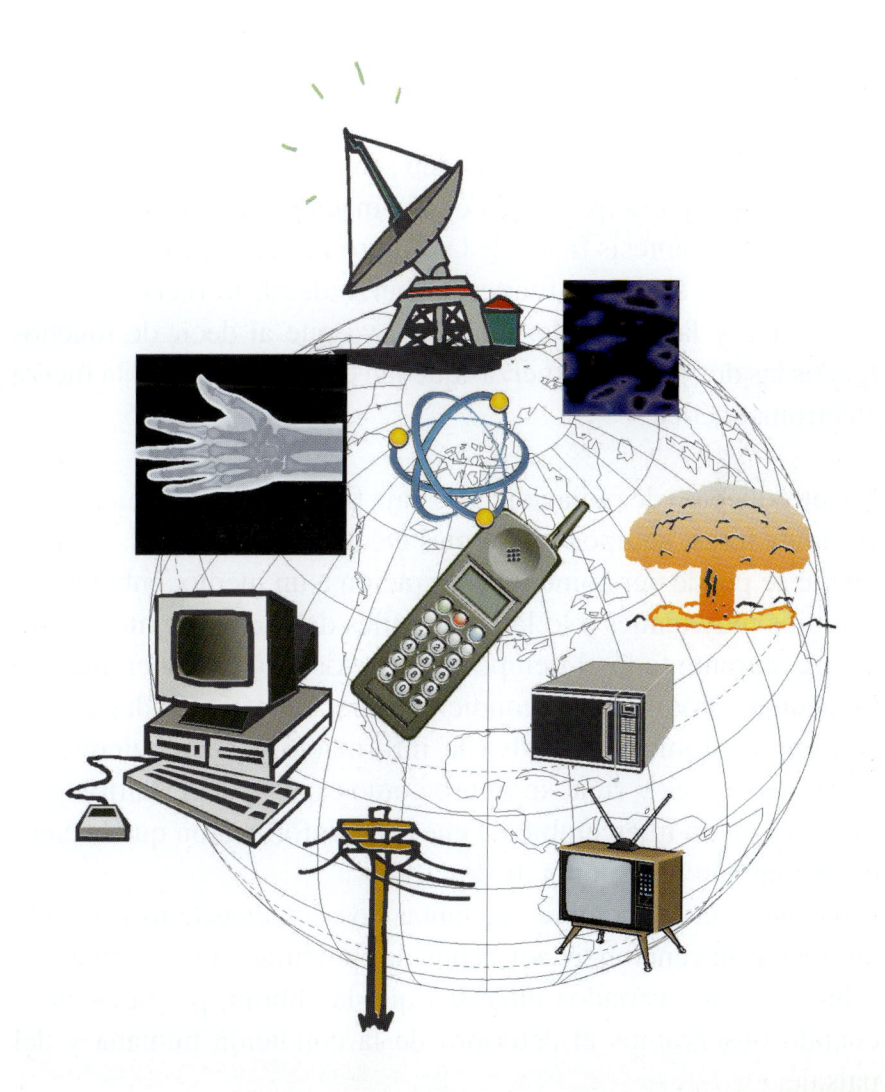

Contaminación: Alteración o trastorno de los distintos medios naturales (atmósfera, agua suelo etc.) por la presencia de sustancias, **o formas de energía extrañas**, que rompen el equilibrio ecológico y destruyen o dañan a las especies animales o vegetales. La contaminación del medio ambiente es, sobre todo, el resultado del proceso de industrialización y de concentración de la población que ha tenido lugar a lo largo del s.xx en los países más desarrollados del planeta.

La lucha contra la contaminación exige, entre otras cosas, un mejor conocimiento de los sistemas naturales, la modernización de los procesos de fabricación, el reciclado de residuos, la prohibición de vertidos, la creación de plantas depuradoras etc.
ENCICLOPEDIA UNIVERSAL SANTILLANA 1996
(Negritas y subrayado por el autor)

CONTAMINACIÓN INVISIBLE

Las radiaciones de computadores, equipos y sistemas eléctricos inducen en el cuerpo de los seres vivos corrientes no visibles al ojo humano.

El Medio ambiente electromagnético natural (MAEN) esta conformado básicamente por la relación entre la radiación procedente del cosmos (principalmente la del sol) y la fuerza de gravedad de la tierra, desde luego que se pueden señalar más tipos de energías radiantes que participan en su conformación, pero utilizamos estos dos como síntesis física de las cuatro fuerzas que rigen el universo físico (la fuerza fuerte, la fuerza débil, la fuerza electromagnética y la fuerza de gravedad) ya que al decir de muchos físicos las dos primeras fuerzas quedan comprendidas en la fuerza electromagnética.

La introducción de radiaciones de baja frecuencia provenientes de computadores, equipos y sistemas eléctricos al MAEN, simplemente se puede ver como una alteración a un medio ambiente dc cambios muy tenues a lo largo de miles de años, este medio ambiente, durante todo el tiempo que ha existido la vida en nuestro planeta, ha prodigado las condiciones para que esta se desarrolle, se oriente, tome y devuelva la información que requiere para mantenerse viva y crear su futuro como especie al permitirle permanecer en un intercambio de energía e información que la ciencia actual aún no termina de descifrar.

La tecnología del hombre que tantas cosas buenas le ha brindado también está generando consecuencias polémicas en la actualidad a la luz de los variados intereses que las libran, pero evidentes cuando observamos el deterioro de la condición humana y del paisaje.

Cada hombre fabrica su propio destino, es indudable, a la vez que el origen psicosomático de la mayoría de las enfermedades, también es evidente que en un medio contaminado aparecen muchas más enfermedades o se hace más rápido el desarrollo de las ya contraídas.

El Medio Ambiente Electromagnético Natural esta conformado por la relación existente entre las radiaciones cósmicas (electromagnéticas) principalmente la del sol y la fuerza de gravedad del planeta

"La armonía con el ambiente parece exigir como requisito previo la armonía consigo mismo"

Mario Mejía Gutiérrez

ENERGÍAS SUTILES

Las energías sutiles son formas de energía distintas a las energías de uso industrial, consideradas dentro del campo de la física, y de la agricultura, son estudiadas también en la antropología, medicina y otras áreas.

Son formas de energías que pueden o no estar incluidas en el espectro electromagnético que utiliza la ciencia humana, esto no ha sido suficiente para que puedan existir variados métodos con las que el hombre ha tratado de controlarlas durante muchísimos años. Para nuestro texto, hablaremos de electromagnéticas para referirnos a dispersión de campos de baja frecuencia generados por equipos que funcionan con corriente alterna, caso para el que también se utiliza una forma de energía sutil denominada de armonía que busca la existencia de una manera lo más natural posible y utiliza diferentes símbolos, en nuestro hacer disponemos del desarrollo geométrico de la pirámide, símbolo de armonía y saber, de mucha antigüedad y la energía sutil planteada por el uso de los colores, en cuanto al trabajo que hemos desarrollado, para ayudar a disminuir los efectos nocivos de la electropolución moderna, como una alternativa de solución mientras se toman medidas de base que protejan a la población desde la misma fabricación de los artefactos y construcción de sistemas eléctricos. Nuestro trabajo esta representado en un diseño denominado TELMOrehm dirigido a dispersar campos de baja frecuencia emitidos por fuentes cercanas, como un despertador electrónico, un computador, un televisor, etc.

Para uso en la agricultura, nuestro primer trabajo llamado Ecotelmo, responde en parte a la descripción anterior disminuyéndose en él algunas características eléctricas y modificándose los colores en razón a que se esta manejando principalmente radiación natural afectada diferentemente por radiación artificial de fuentes generalmente más lejanas.

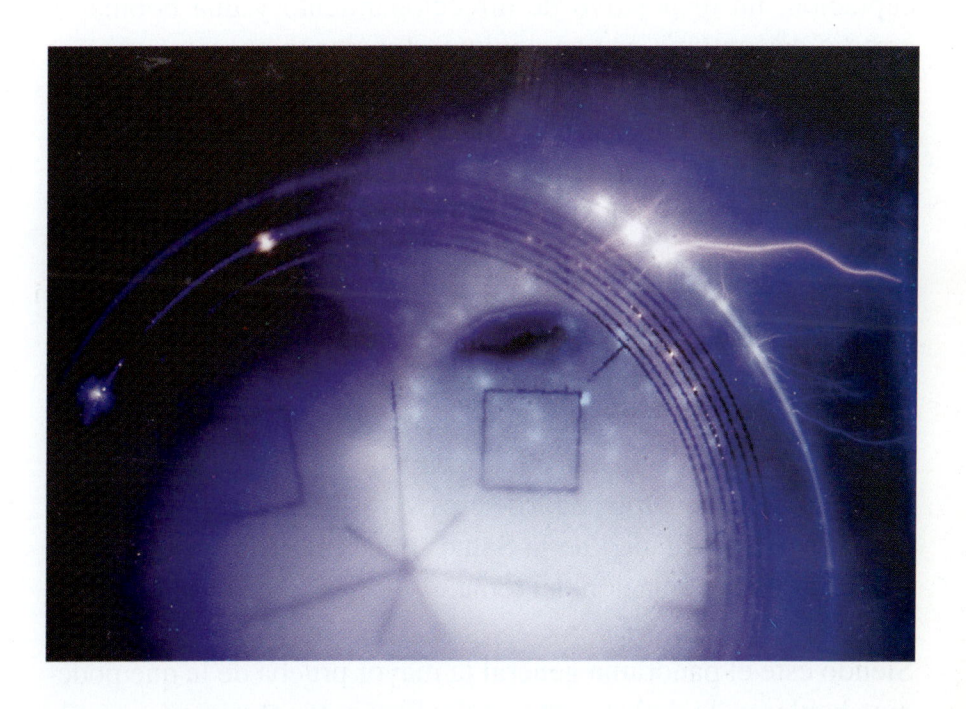

Fotografía de un campo electromagnético pasando a través de un diseño TELMOrehm, se destaca el arco resultante de corrientes sueltas de electrones que han chocado, y la dispersión del mismo, que se aprecia en el borde de la tarjeta, fotografía hecha por el Dr. .Álvaro Leaño 1999

APLICACIONES DEL DISEÑO TELMOrehm

El diseño TELMOrehm, es fundamentalmente un diseño artístico creado por el Arquitecto Colombiano Rafael Hernández Moscoso, que ha sido observado en los campos de la medicina, en la investigación del sueño y en el campo de la electrónica, puesto que el conjunto de diseño exhibe tres partes fundamentales: Un panel de captación, un dispositivo de direccionamiento y una bobina en corto o discontinua que en conjunto funcionan ocasionando una dispersión del campo apreciable en las fotografías realizadas y en las observaciones hechas con osciloscopios digitales con analizador de espectro, es importante anotar que tanto los valores en frecuencia y en milivoltaje que manejan los diseños no son considerados aún dentro de los parametros de seguridad en muchos países, incluida Colombia, existen investigaciones y países donde ya son reconocidos como generadores de cambios comportamentales al presentar estos valores, similitud con los valores de corriente de las células orgánicas, lo que lleva a considerar aspectos como resonancia electromagnética e inducción de corriente en el sistema eléctrico de los cuerpos de los seres vivos. Actualmente la OMS (Organización Mundial de la Salud) tiene planeado para el 2001 presentar una evaluación del tema.

Siendo este el panorama general la mayor prueba de la que podemos hablar es la de los usuarios de diseño, ya que la mayoría de ellos ha podido observar cambios positivos en su permanencia frente al computador, estos cambios están representados en disminución notable o desaparición de molestias, angustias, cansancio, irritación ocular, mejoría del sistema digestivo y una mejor disposición en cuanto a energía física, la eficiencia del uso del diseño TELMOrehm, se aumenta considerablemente cuando el usuario aplica las recomendaciones tradicionales de la seguridad industrial en cuanto al control de la distancia de la fuente emisora, lo mismo que del tiempo de exposición.

El diseño para uso practico, se presenta en dos formas: tarjetas de uso personal y tarjetas adhesivas para equipos y espacios arquitectónicos.

Tarjetas Personales: En dos tamaños que pueden ser usadas al igual por grandes y chicos. Se colocan sobre la boca del estómago y su objetivo es dispersar el campo electromagnético artificial, antes de que se induzca por el plexo solar.

Tarjetas adhesivas: También en dos tamaños, se adhieren a los costados y en la parte superior del equipo emisor, se coloca una pequeña en el teléfono celular, se usan adheridas en vidrios de ventanas, muros, techos o debajo de las alfombras en los pisos para atenuar radiaciones que traspasan estas partes de las construcciones.

FUNCIONAMIENTO DEL DISEÑO TELMOrehm

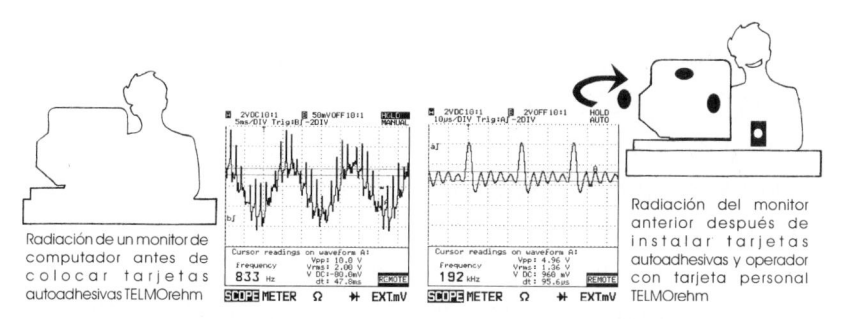

Para obtener una protección integral con los diseños recomendamos al operador de computador usar siempre que esta frente a su equipo un tarjeta personal sobre la ropa a la vez que adherir al equipo las tarjetas adhesivas con el fin de comenzar a atenuar la radiación desde su misma fuente, la tarjeta personal fue diseñada para usarse durante el tiempo que se esta frente al computador, usarla después de trabajar con el computador puede ayudar a disminuir la radiación en otras espacios contaminados, principalmente en las ciudades, cada usuario determina el tiempo de uso después de trabajar en su equipo.

No debemos olvidar que aunque la radiación de la que hablamos proviene de fuente externa del cuerpo, los seres vivos son capaces de emitir radiaciones de tan variadas magnitudes y longitud de onda que aún la física nuclear no las conoce todas, este hecho plantea la necesidad de que cada usuario establezca el tiempo de uso de su tarjeta.

RECOMENDACIONES ADICIONALES

1. DISTANCIA: Sitúese mínimo a una distancia de su brazo extendido en puño, (60 centímetros) de la pantalla del monitor, recuerde que entre más cerca esté, más radiación recibe.

2. TIEMPO DE EXPOSICIÓN: El tiempo que permanezca frente al equipo, también tiene que ver con la cantidad de radiación que recibe, organícelo de manera que pueda alternarlo en espacios de una hora, para pararse, caminar un poco, mirar por la ventana, esto contribuirá muchísimo a la buena salud de sus ojos, además de propinarle un descanso a su cuerpo.

3. HIGIENE ELECTRICA: Mantenga desconectados los aparatos eléctricos que no use, cuando vaya a dormir desconecte todos los aparatos eléctricos que tenga en la alcoba, si tiene radio-despertador electrónico y no desea hacerlo, ubíquelo siquiera a 1.50 mts de su cama, esta higiene eléctrica en su alcoba, le dará un mejor ambiente para un sueño profundo, lo que lo hará mucho más resistente a la radiación del trabajo y tener un sueño verdaderamente reparador.

4. ALIMÉNTESE BIEN Y HAGA DEPORTE: Coma alimentos nutritivos y balanceados, evite el azúcar y las harinas refinadas, busque los alimentos más naturales y sanos que pueda encontrar, como vegetales orgánicos y haga deporte con frecuencia.

5. TENGA UN PROGRAMA DE MEJORAMIENTO PERSONAL: *Esto mantendrá su atención en el futuro, lo que le brindará metas hacia las cuales dirigirse, logrando un estado de ánimo que le permitirá emitir muchísimos tipos de ondas positivas que contribuirán a hacerlo mucho más resistente.*

INSTALACIÓN DE ECOTELMO

ECOTELMO

Similar al diseño anterior, se diferencia por el trazado geométrico del centro, ya que usa el trazo de una pirámide, y la bobina en corto se presenta en color verde y no en tinta metálica, este diseño tiene como propósito contribuir tanto a la polarización de luz visible, como a radiaciones no visibles, unido a un programa adecuado de nutrición para las plantas, contribuye al buen desarrollo de estas y a disminuir y abolir el uso de insumos tóxicos. Se plantea principalmente para el uso en agricultura orgánica, pero ha sido usado con éxito en cultivos tradicionales.

El uso en invernaderos cubiertos con plástico, ha mostrado un campo de acción de la tarjeta de 3000 m2 reduciéndose a áreas entre 1000 y 1500 m2 en cultivos al aire libre.

Ecotelmo ha mostrado resultados en disminución de hongos en cultivos de clavel, rosa y crisantemo, también ha sido usado por un agrónomo en tratamiento de frutales. La aplicación más notoria en cultivos de campo abierto, ha sido en una vereda de Chía, en varios cultivos de papa donde la comparación con los cultivos vecinos permitió, fácilmente, establecer sus beneficios, al compararse la calidad y cantidad de la papa producida.

La recomendación de uso es colocar la tarjeta en el suelo o a 35 cms. de altura, la tarjeta puede ser levantada en la medida en que crecen las plantas. Se instala sobre un tronco de 15 cms. de diámetro aproximadamente, y se fija con alambre de cobre, es indispensable en todos los casos orientar la tarjeta en sentido norte, en forma exacta, con una brújula, esta acción referencia el polo magnético en la acción de polarización de luz visible y no visible.

TARJETA PERSONAL

De 8.5 x 5,4 cms., transparente, se usa colgada sobre la boca del estómago, sobre la ropa cuando se está frente al computador, información e instrucciones en el empaque.

TARJETA PERSONAL (For Kids)

Con 6 x 4 cms., transparente, se usa igual que la tarjeta personal, inicialmente dirigida hacia los niños y jóvenes, también puede ser usada por los adultos que la prefieren por la comodidad que representan sus dimensiones menores que las de la tarjeta personal inicial.

TARJETA ADHESIVA PARA TELÉFONO CELULAR

Con 2,5 cms. de diámetro, se adhiere al espaldar del teléfono y se cubre con la pila.
Complementa al "Manos Libres".

TARJETA ADHESIVA PARA EQUIPOS Y ESPACIOS ARQUITECTÓNICOS

Con 8,5 cms. de diámetro, se adhieren según las instrucciones del empaque y se protegen con adhesivos transparentes de 9 x 9 cms.
Presentación : **Kit Computador** (8 unds.) y **Kit Hogar** (3 unds.)

Glosario

ELECTROMAGNETÍSMO: Acciones mutuas entre las corrientes eléctricas y los imanes, toda corriente eléctrica lleva una corriente magnética y viceversa, existe corriente alterna y corriente continua siendo más contaminante la corriente alterna..

RADIACIÓN: Emisión de energía que sale de un cuerpo, puede ser electromagnética como la que se genera alrededor de un computador en funcionamiento, calórica como la que despide una estufa, o el cuerpo de un ser vivo de sangre caliente, luminosa como la que emite un bombillo encendido o cualquier tipo de energía emitido.

ESPECTRO ELECTROMAGNÉTICO: La ciencia humana ha organizado las radiaciones en el llamado espectro electromagnético, espectro porque no tiene limites definidos y electromagnético porque incluye todos los tipos de ondas reconocidos por el hombre incluida la luz visible (espectro visible o arco iris) por debajo de el están las radiaciones de baja frecuencia ,que son: microondas, radiofrecuencias, muy bajas frecuencias, extremadamente bajas y ultra bajas frecuencias conocidas también como radiaciones No- ionizantes.
Por encima del espectro visible están las radiaciones ionizantes como los rayos X y las radiaciones atómicas como las de la bomba y las radiaciones cósmicas entre otras.

OSCILOSCOPIO: Aparato especializado de la electrónica que tiene como fin medir ondas ya que esta capacitado para registrarlas, existen análogos y digitales, en ocasiones incluyen un analizador de espectro que facilita el estudio de los cambios sufridos por las ondas.

ENERGÍA: Movimiento o fuerza potencial o real, interviene en todos los fenómenos que ocurren en el universo desde el movimiento de un objeto a la transformación de unas sustancias en otras, Einstein planteo que todo este universo esta hecho de energía en diferentes presentaciones.

ONDAS: La energía se desplaza en el aire u otro medio en forma de ondas y de partículas llamadas fotónes, las ondas electromagnéticas pueden atravesar el vacío.

Glosario

AURA: Cuerpo etérico que rodea el cuerpo físico de cualquier ser.
BA-GUA: Plano del cielo creado por Fu Shi como explicación del universo. Consta de ocho trigramas que conforman un octágono.
CH'I: Sinónimo de energía.
DARMA: Equivale a cosechar las buenas obras hechas con anterioridad.
DEVAS: Seres protectores de la naturaleza.
EGREGOR: Entidad etérica creada en el Ba-gua astral y que llega a conformar una identidad propia.
ÉTER: Energía sutil de menor densidad invisible a los ojos físicos.
GEOBIOLOGÍA: Estudio de las ondas magnéticas emanadas por la tierra y que afectan al ser humano. Vida de la tierra.
KARMA: Relación causa-efecto. Lo que sembramos hoy lo cosechamos mañana.
LO PAN: Feng Shui oriental. Estudia las energías de un lugar teniendo en cuenta su orientación geomagnética y su carta natal.
PÉNDULO: Instrumento compuesto por una cuerda y un objeto pesado que oscila en conexión con el maestro interno del usuario.
PRANA: Energía vital. Para el oriental se puede obtener energía vital del aire en el proceso de respiración.
RADIESTESIA: Estudio del uso del péndulo como instrumento que se conecta con nuestro maesto interno y sirve para investigar cualquier tema.
TRIGAMA: Diagrama compuesto por tres elementos.
YANG: Energía creativa, cielo.
YIN: Energía receptiva, tierra.
MANTRAS: Verbalizaciones con carga vibracional especial.
MUDRAS: Movimiento que se realiza con el cuerpo y tiene un significado.

Bibliografía

ÁLVAREZ, Juan M.: *Feng Shui: La Armonía de Vivir,*
    Barcelona, 1997. Editorial Sirio.
BENAVÍDES, Eduardo. *Curso de Radiestesia.*
    Caracas, 1990. Editorial Panapo.
    Radiónica Práctica.
    Caracas, 1990. Editorial Panapo
CANO, Román. *Manual del Sanador de Casas.*
    Nueva Era, 1995.
GARZÓN, Gustavo. *La Casa y Oficina ecológicas.*
    Bogotá, 1997. Martínez Roca.
LINN, Denise. *Hogar Sano.*
    Bogotá, 1997. Intermedio.
ROJAS, Santiago. *Esencias Florales un Camino,*
    Barcelona, 1992. Maculart S.A.
SANT DARSHAN SINGH JI MAHARAJ. *Una lágrima y una estrella.*
    Publicaciones Sawan Kirpal.
SPEAR, Willian. *Feng Shui,*
    Bogotá, 1997. Círculo de Lectores.
WILHEM, Richard. *I Ching,*
    Bogotá, 1990. Editorial Solar.
TOO, Lilian. *Feng Shui,*
    España, 1998. Ediciones Martínez Roca
LAZENBY, Gina. *El Feng Shui en la decoración,*
    Madrid, 1998. Blume.
TOO, Lilian. *Los fundamentos del Feng Shui,*
    2000 EDAF.

Indice general

Introducción	6
Prólogo	8
¿Qué es el Feng Shui?	9
Breve Historia	14
Las escuelas	15
Métodos del Feng Shui	17
Ubicación de lotes	20
Procedimiento para aplicar el Ba-gua	21
Benefactores	22
Profesión	23
Conocimiento	24
Familia	25
Bienestar y Dinero	26
Relaciones y Matrimonio	28
Creatividad y Niños	30
Salud	32
Análisis de los Activadores	34
Correctivosa Genéricos	41
Esencias Florales	43
La Energía del Color	45
Radiestesia y Geobiología	47
Sensor II	51
Método Transcendental	55
Activación con los Tres Secretos	57
Algunas palabra sobre el Sendero de los Maestros	60
Apendice	
Contaminación Invisible	91
Energías sutiles	93
Aplicaciones del diseño Telmorehm	94
Funcionamiento del diseño telmorehm	95
Ecotelmo	96

Indice de gráficos

Ba-gua Asociación entre trigramas y Símbolos	61
Ba-gua Post-Celestial y Pre-Celestial	62
Análidis de los trigramas	63
Feng Shui para negocios	64
Opciones de activadores a su alcance	65
Equilibrio entre los cinco elementos	66
Ciclos reguladores de los elementos	67
Principio para el control de excesos en los elementos - VENCE	68
Principio para el control de excesos en los elementos - CONFIA	69
Principio para el control de excesos en los elementos - DA ORIGEN	70
Correspondencia de los 5 elementos con el macrocosmos	71
Como colocar el Ba-gua en un plano	72
Ej. Apartamento de 2 alcobas	73
Solución lotes	74
Relación construcción - agua	75
Solución accesos a vivienda	76
Solución interiores	77
La alcoba ideal	78
Correctivos para habitaciones	79
Correctivos para Baños y Sifones	80
Vigas	81
Solución para columnas	82
Puertas	83
Solución para escaleras	84
Orientación geo-magnética del Ba-gua	85
Ejemplos de aplicación de espejos	86
Hoja de visualización	87
Servicios para empresas y hogares	88
Ba-gua	89
Glosario Apéndice	98
Glosario - Bibliografía	99
ïndice	100